腳下魔法 血淚東歐

從高加索衝突到前南內戰
由鐵幕倒下到歐亞身分
艱險奮進的足球旅行

李文雋 著

當費倫巴治隊將球踢進球門時，我也和所有人一樣站起來狂呼亂叫。在這種節日和團結的氣氛裡，在那些球場裡和看臺上不停親吻互祝勝利的男人們當中，有一種把我心裡的罪惡感隱藏起來、把我的恐懼變成驕傲的東西。

——奧罕・帕慕克《純真博物館》

推薦序／原來足球歷史的重量比腳步更沉重

王劍凡（旅行公民創辦人）

坊間的旅遊書籍五花百門，既有最受港人歡迎的實用旅遊指南，也有以小故事串連起來的旅行小品，更不乏藉旅行去認識當地文化歷史的深度論述。

不過，若說到最具特色與原創的旅行書寫，當推李文雋的《腳下魔法》系列。作者遊走世界各國，以足球作為認識世界的窗口，親身到訪當地足球場，以全新的角度去探索當地的社會文化與歷史政治。

《血淚東歐》延續《腳下魔法》系列的旨趣與精神，作者旅行的腳步跨越至東歐、高加索與巴爾幹諸國，足跡遍及克羅地亞、塞爾維亞、科索沃、阿爾巴尼亞、波斯尼亞、保加利亞、羅馬尼亞、土耳其、亞美尼亞、納卡與烏克蘭。

跟著作者的腳步遊走諸國，以足球這項瘋魔全球的運動來認識世界，當中的故事竟這麼精彩絕倫。舉幾個例子，作者遊歷克羅地亞與塞爾維亞時，參觀了首都兩大球會，親臨現場觀看球賽，講述極端民族主義如何因足球而變得更狂熱，最終更成為內戰的催化劑；到訪科索沃與阿爾巴尼亞時，採訪了科索沃足總，發現科索沃獨立後要面對重重困境，絕非一勞永逸；到訪「不存在的國度」阿爾察赫共和國（又稱「納卡」），執筆時已亡國），以球會歷史講述蘇聯時代亞美尼亞的民族認同，並剖析亞美尼亞與阿塞拜疆兩國的恩怨情仇，闡述阿爾察赫如何藉著足球突破政治上的孤立狀況，提升國際關注和對外交流的機會。

身為旅人，既要有溫熱的心，跟當地人交往互動，方能有所觸動體悟，同時又要有冷靜的腦袋，將所見所聞，分析整合。當觸及民族仇恨與國族衝突等議題，立場觀點必須小心謹慎。但作者始終是人，很難擺脫一己的偏見與預設。正如作者寫到塞爾維亞民族主義時所說，雖「試圖不先入為主，但卻沒有可能忘卻曾經看過的畫面，實在難以保持開放與中立」。要做到完全持平，根本不可能，但作者「有意識地提防傳媒的標籤效應」，已屬難能可貴。

根據作者所言，《血淚東歐》是《腳下魔法》系列中揭示最多戰爭與屠殺歷史的作品，把人性的黑暗推到極致。在充滿血淚史的國家旅行，腳步已經很沉重，但這些跟足球相關的歷史，原來更沉重。作者在搜集資料的過程中，發現華文網絡與媒體多被操控，報導內容有所扭曲偏頗，甚至將一切侵略行為和國族主義修飾美化，以配合論述所需。《血淚東歐》，如書名所言，這些國家的歷史都是以血與淚寫成的。旅途上，作者遇到不同的人和事，文化衝擊難以避免，如果缺乏同理心與某種使命感，很難堅持寫下去。面對沉重的歷史，作者不時提醒我們，要記住不可忘記，字裡行間，處處透現溫厚的人文關懷。

這部作品的面世，令人更肯定旅行書寫的價值。近年，香港人對旅遊書的態度改變了，時間線上以二〇一九年作分界。二〇一八年和二〇一九年這兩年，香港公立圖書館成人非小說類外借圖書排行榜，頭十位都是旅遊書（主要是旅遊指南）；二〇二〇年，頭十位有八本都是旅遊書，但第一位被投資天書取代（反映香港人對旅行依然充滿憧憬）；二〇二一年，旅遊書竟跌出十大，頭十位竟然一本都沒有（香港人心態明顯改變）。這當然跟疫情有關，當各國鎖國封關，交通運輸工具停止運作，旅行清零。中了旅行毒的香港人，迫逼禁足在港，看旅遊書理應是個不錯的娛樂選擇，為何會「跌出十大」呢？理由是，香港人去旅行的目的，基本上離不開「吃喝玩買」，受歡迎的旅游書從來都只是實用指南。以「文化歷史」為賣點的深度旅行書寫，一向比較小眾。但疫情結束後，不見得旅遊書回復疫情前的熱潮。這可能因為近年旅遊vlog大受歡迎。今天，很多人都喜歡在網上平台看旅遊特輯，影像無疑比起文字更傳神，更易消化。但旅行書寫實在有其無可取代價值：談論較為深入的文化歷史論述，影像一般難以企及，加上近年影像都以「微」（micro）見稱，短短十數分鐘的旅遊vlog，如何能論述複雜的社會現象與歷史文化呢？所以，今時今日願意花心力去從事旅行書寫的作家，更應支持。

誠意向大家推介《腳下魔法——血淚東歐》。

推薦序／足球，也是地球

林輝（旅遊寫作人）

旅行的方法很多，但最有趣的方法，我相信一定是跟旅人的熱情結合的旅行。

自互聯網出現以來，旅行變得更方便，但亦變得更易趨同；因為大家都被那些近似的相片、地標和攻略吸引著，走著相似的路線、拍下相似的照片。當然互聯網亦提供了無邊無際的資訊，那些追求獨特旅行的旅人，可以借助網絡的便利，設計與別不同的旅行。然而最重要的，還是跟隨自己的熱情和興趣，將之與自己的旅程融合起來，走出屬於自己的旅行。

阿大就是如此一個旅人。他熱愛足球——這並不特別——但他是個會將旅行和足球融合起來，透過獨特的視角，去理解這個世界的旅人——而這樣的旅人並不常見。我不是球迷，但讀阿大這本書時，卻能出奇地投入，不是因為我也去過那些地方，而是因為阿大可以透過足球，帶領我從陌生的角度認識這個世界。

我去過羅馬尼亞，卻從不知道共產時代的政要如何操控足球，並以足球作為權鬥的方法；我踏足過亞美尼亞在阿塞拜疆的飛地納卡，但原來兩國的角力不僅在軍事和政治，也在足球場之上。薩拉熱窩的球場在戰火下仍然舉行球賽，不久後又成為了兩軍交戰的前線，橫飛的由足球變成子彈；烏克蘭戰火未斷，球迷卻能在異地的球場上為她打氣，凝聚世人的支持。各地雖有著不同的足球故事，然而無論是來自哪裡的球迷，總是追求公平、努力、互相尊重和體育精神，縱然是在艱難的世道之中，足球還是繼續提醒著世人這些彌足珍貴的價值。

足球是阿大的熱情所在，也是他觀察世界的方法；他站在世界各大球會和球場之前，圓圓的足球就是他眼中的地球，在乎的不是一場兩場賽事的勝負，而是足球帶給世界的意義。無論你是否足球迷，這都是一本值得你細讀的佳作。

推薦序／重新揭開塵封的東歐瑰寶

里奧林斯基（香港人，英國讀一書店店長）

感謝阿大，讓我及一眾讀者可以再次走進令人著迷的東歐世界。

回想東歐較頻繁地出現在主流新聞媒體，可能要追溯到上世紀的八十年代。那是冷戰的時代，新聞報道總喜歡用「東歐陣營」來統稱一大堆在西德與蘇聯之間，受共產專制統治，同時也困在「鐵幕」內的國家。至八十年代，東歐國家開始湧現不同的異見公民組織和工會（最著名的要數波蘭的團結工會及其領袖華里沙），從電視新聞中不時看到波蘭團結工會罷工抗爭的報道。

去到風起雲湧的一九八九年夏天，除了在北京天安門發生的民主運動，及其後的血腥鎮壓外，那年六月四日在波蘭舉行的自由選舉，也吸引了全球的目光。團結工會在選舉取得壓倒性的勝利，令民眾雀躍萬分，不期然令人更渴望黎明終必來臨。至下半年，東歐各國紛紛出現群眾抗爭以至起義革命，共產政權一個接一個地倒台，波蘭、匈牙利、東德、捷克、保加利亞、羅馬尼亞、烏克蘭等等的成功，都鼓舞著全世界無數顆熱愛自由民主的心。那場自由的勝仗是如此地突如其來，亦多麼地夢幻甜美。

美夢也有完結的一天，醒來始終要面對生活中的大小問題與矛盾，但這通通已無法再吸引國際媒體的關注，東歐國家的最新動態，已較少機會出現在中港台的華文媒體當中。不幸地，東歐國家再次占據華文新聞報道，往往都因為戰爭的爆發，包括九十年代初前南斯拉夫新獨立國家間的慘烈戰爭（記起〈薩拉熱窩的羅密歐與茱麗葉〉那首歌嗎？），及至今仍未結束俄羅斯入侵烏克蘭的戰事。

後冷戰的東歐國度，是一個被遺忘了的世界疆域。

一九八九年「蘇東波」（形容蘇聯陣營內東歐國家的那一波民主化浪潮）以後，就沒有任何值得我們去認識的東歐故事嗎？

阿大就嘗試認真地回答這條問題，親身走進千禧年後這片彷似被塵封的東歐土地，以足球作為切入點，經歷和了解眾多國家的社會文化，寫成了《血淚東歐》這本精彩而引人入勝的東歐故事結集。

在書中，讀者會看到阿大周遊列國時的各樣經歷見聞，聽他仔細道來各地足球發展和球會興衰變化，詳盡的時代歷史背景陳述，引申至跟現今族群政治、戰爭以至社會間千絲萬縷的聯繫和拉扯。

但這些，都並非最打動我的地方。

書中那些發自他內心的真誠扣問，每一次都迫令我要慢下來，細心思考那條看似簡單，卻難以迴避的問題：

「多年的獨裁統治即使過去，歷史造成的集體創傷會就此過去嗎？還是成為了不散的陰魂？」（羅馬尼亞篇）

「新生的國家未被國際承認，國民仍能快樂嗎？」（科索沃篇）

「對球隊單純的熱情會被利用甚至騎劫嗎？如何去面對？」（塞爾維亞及克羅地亞篇）

在我眼中，這些扣問都從親身遊歷見聞所觸發的真問題，它們不止關乎羅馬尼亞或科索沃人民。事實上，提問已超越一國一地的狹窄關注，邀請遠在他方的我們，共同去思考以至討論這些議題。

一個旅人，固然可以透過腳步與見聞去尋覓他的個人答案；但唯獨將問題拋向讀者大眾，方可促成集體反思和公共學習。

在此，我看到一位旅人的無私分享，和一位作者渴望跟他人交流的熱誠期盼。

東歐一眾國家的血與淚，看似已變成塵封他方的往事舊聞，但只要你願意再一次走進這個真實的國度，接受真誠扣問的挑戰，相信都一定可以找到跟現今處境息息相關的寶貴經驗和知識。

薩拉熱窩篇章內，作者提出：「戰火漫天，足球還算甚麼？」

的確，當看到身邊戰友一個一個相繼倒下的時候，悲憤莫名的心情掩蓋一切，無法扭轉抗爭成敗的足球比賽又剩下什麼？二十二名足球員在草地上追逐一個皮球的遊戲還有什麼意思？

就在這個時刻，總令我想起那一場刻骨銘心的足球比賽：

二〇一九年九月十日，世界盃亞洲區外圍賽，香港主場迎戰伊朗，超過一萬三千名球迷入場支持香港隊，球場中歌聲震天，旗幟飄揚，甚至連敵對的曼聯和利物浦球迷亦罕有地連成一線，Stand with Hong Kong。

我仍然記得，在場中所唱的每一首歌，所喊的每一句口號，所行的每一圈……血與淚，在東歐，也在世界很多地方。

《血淚東歐》以繁體中文版形式向世界呈現，也算是東歐經驗跟香港、台灣等地華文讀者的結緣。東歐民眾走向自由之路充滿困阻與波折，但民眾以至足球也不會輕言放棄，期盼此書為大家注入經歷、思考和學習的新動力。

大家加油，互勉。

土耳其（第五章）
⑩ 伊斯坦堡｜阿里・薩米揚球場｜加拉塔沙雷
伊斯坦堡｜比錫達斯球場｜比錫達斯
伊斯坦堡｜薩拉科格魯球場｜費倫巴治
亞美尼亞（第六章）
⑪ 葉里溫｜赫拉茲丹球場｜無
葉里溫｜共和國球場｜無
阿爾察赫（第六章）
⑫ 斯捷潘納克特｜斯捷潘納克特共和國體育場｜無
⑪
⑫

城市｜球場｜所屬球會

克羅地亞（第一章）
① 薩格勒布｜馬科西米爾球場｜薩格勒布戴拿模
② 斯普利特｜波倫德球場｜夏德

塞爾維亞（第一章）
③ 貝爾格萊德｜紅星球場｜貝爾格萊德紅星
貝爾格萊德｜游擊隊球場｜柏迪遜

阿爾巴尼亞（第二章）
④ 地拉那｜塞爾曼・斯特馬西體育場｜KF地拉那

科索沃（第二章）
⑤ 普里什蒂納｜法蒂爾・沃柯里球場｜FC普里什蒂納

波斯尼亞和黑塞哥維那（第三章）
⑥ 薩拉熱窩｜科舍沃市立體育場｜FK薩拉熱窩
薩拉熱窩｜格爾巴維察體育場｜薛謝斯歷卡
⑦ 莫斯塔爾｜羅傑尼體育場｜貝萊斯
莫斯塔爾｜比耶利布里耶格體育場｜辛連斯基

羅馬尼亞（第四章）
⑧ 布加勒斯特｜久萊什蒂體育場｜布加勒斯特迅速

保加利亞（第四章）
⑨ 索菲亞｜列夫斯基國家球場｜無
索菲亞｜保加利亞陸軍球場｜索菲亞中央陸軍

目次／

第一章 恩怨情仇：塞爾維亞&克羅地亞

GOL
bet-at-home.com

極端民族主義與仇恨如何騎劫足球？

克羅地亞（克羅埃西亞）於一九九八年首次以獨立國家身分參與世界盃決賽週，即勇奪季軍。當時有人提出「假如南斯拉夫沒有解體，其足球會否更強？」類似的論述至今仍在。在遊戲世界，我們可以自組南斯拉夫夢幻隊，但若將足球和歷史割裂，則只會脫離現實。

南斯拉夫的合與分

我儘管以這「不可能的假如」作開端和介入點，但要談論「復合」的可能，還是得了解「分手」的原因，甚至追索至「邂逅」與「相戀」。巴爾幹長久而來受盡不同的統治，既綻放文化多元性，卻也寫下長年矛盾的序章。同宗同源的南斯拉夫民族，受到奧匈帝國、鄂圖曼與俄羅斯的統治和影響下，發展成不同文化與宗教背景的族群。一戰結束後，巴爾幹的斯拉夫民族組成了「塞爾維亞、克羅地亞和斯洛文尼亞（斯洛維尼亞）王國」，後於一九二九年更名為南斯拉夫王國。二戰時，南斯拉夫被軸心國所占，國內也出現克族與塞族的相爭。內憂外患下，南斯拉夫的概念岌岌可危，甚至為各軸心國瓜分。歷經四年的負隅頑抗，以鐵托[1]為首的南斯拉夫共產黨擊退外敵，並於一九四五年成立共產國家，即後來改稱的南斯拉夫社會主義聯

---

1 鐵托，南斯拉夫共產黨領袖，曾帶領遊擊隊力抗納粹德軍，並成立南斯拉夫社會主義聯邦共和國。他推行持續修正的所謂「鐵托主義」，以分權和工人自治等形式進行制度改革，又接受西方援助，取得一定的經濟成就。他拒絕靠攏蘇聯，發起不結盟運動，成為美蘇以外第三勢力的領袖。他在國內擁有崇高威望，被認為是統一各族群的象徵。

邦共和國。於是，南斯拉夫各族群在共產思潮下再次走在一起。

然而，如若略知其解體原因與過程，便知道「復合」的想法幾近不可能。如今諸成員國已各自發展，尤以斯洛文尼亞和克羅地亞的步伐較快，經濟較佳，又豈甘心被扯後腿？諸國迎來新生活，已對「舊愛」毫無留戀。

回想當初，他們不歡而散，既有導火線的近因，也是一路走來的命運使然。自政治強人鐵托離世後，南斯拉夫群龍無首，多年來的經濟危機走向崩潰，政局亦趨向不穩，而醞釀已久的族群矛盾與宗教衝突，則已達至臨界點。這個多族群共存的國度中，長期存在嚴重矛盾，從來也談不上美滿。而狹隘的民族主義更是把南國推向滅亡，其中尤以塞克兩族矛盾最為嚴重。

長期被占領的歲月，使得巴爾幹斯拉夫各族群之間，著眼其差異多於共同。宗教上，克羅地亞與斯洛文尼亞人信奉天主教，塞爾維亞與黑山（蒙特內哥羅）人屬於東正教，波斯尼亞（波士尼亞）為多種族國家、科索沃人則以穆斯林為主。宗教差異引起的矛盾，加上政治或宗教勢力的煽動，加深各族間的仇恨。

克羅地亞在奧匈帝國時期發展興盛，她作為聯邦制的成員國，與塞爾維亞可謂兩大核心，但即使鐵托竭力推動各族群平等，她卻從未感覺平起平坐。由南斯拉夫王國到南共時期，塞族人始終占據主導地位，令克族人大感不滿。克族人自王國時期起，已曾發動零星的反抗和政變，但皆不得要領。二戰時期軸心國入侵後，扶植烏斯塔沙[2]建立「克羅地亞獨立國」，與

---

2 烏斯塔沙為克羅地亞的法西斯極端民族主義組織，在二戰期間掌權，建立集中營迫害和屠殺境內塞族人、猶太人和羅姆人等少數民族，犯下種族清洗的嚴重罪行，估計死亡人數數十萬計。

「塞爾維亞救國政府」同屬法西斯傀儡政權。克族的烏斯塔沙和塞族的切特尼克[3]乘勢進行種族清洗，令兩族勢力衝突加劇，過程中的屠殺、驅逐與強暴等，成為日後不可磨滅的烙印。雙方歷史上衝突連連，南斯拉夫的多族群共存實驗，註定背負兩族的百年恩怨。

無法復合的最重要因素，或許是各方在「分手」過程中的極致傷害。自一九九一年斯洛文尼亞與克羅地亞宣布獨立起，前南內戰爆發，一系列戰爭導致逾十萬人死亡，過百萬人流離失所。烽火遮蔽天空，警報蓋過人籟，各族間的濫殺無辜、輪姦驅逐和種族清洗等，不僅使之成為二戰後最慘烈和殘酷的戰事，亦完全地把昔日的兄弟邦走向決裂，成為不共戴天的仇敵。戰火摧毀一切，百萬生靈塗炭，幾多家園盡毀、無數希望幻滅、永遠生死相隔……三十年的歲月，都不足以撫平傷痛。

克羅地亞與戰爭痕跡

旅行讓我深入認識世界，將歷史資料變成真實。我在巴爾幹最喜歡的一段，是克羅地亞的單車旅程。縱然杜布羅夫尼克的古城讓人難以忘懷，但我還是更喜歡科爾丘拉島的寧靜。其後，我乘船前往斯普利特，沿亞德里亞海（亞得里亞海）海岸線，騎車前往扎達爾（札達爾）。

郵輪從小島出發，靠岸之時，斯普利特古城以延綿山脈為背景，形成優美的畫作。登岸

3 切特尼克又名「南斯拉夫祖國軍」，為抵抗軸心國的地下武裝力量。由原南斯拉夫王國的軍官米哈伊洛維奇領導，效忠王室，奉行大塞爾維亞主義，後來反而跟軸心國合作，對付鐵托率領的共產游擊隊。

後，我從夾道歡迎的棕櫚樹間穿過，深入古城的範圍。古城內的建築動輒千百年歷史，我時而被破舊的城牆吸引，時而為古羅馬柱廊駐足。主教堂建有高聳的鐘樓，彷如指引船隻的燈塔。光滑的石地路加上喧鬧的市集，令人聯想起鄰國意大利（義大利）。斯普利特作為千年古城，曾為希臘、古羅馬和威尼斯人所占。這裡如同杜布羅夫尼克，讓人彷似置身中古世紀。

離開斯普利特之前，我特地路經波倫德球場。沿途所見的塗鴉，把我帶回現代。除了紅白格圖案之外，「Torcida」一字也無所不在。這裡是傳統勁旅夏德（哈伊杜克）[4]的所在地，而「Torcida」則是夏德的球迷組織統稱。「Torcida」的塗鴉經常跟1950

4 夏德與薩格勒布戴拿模，一直是克羅地亞足球的代表，他們跟塞爾維亞的貝爾格萊德紅星和柏迪遜，被稱為南斯拉夫足球的「四巨頭」。

斯普利特和背後的山脈。

和蒙面形象一同出現，既顯示其作為歐洲最古老球迷組織的歷史，也反映其行為模式。巴爾幹的球迷組織擁有遠比世人普遍認知更大的影響力，要真正了解這個地區，足球是不可或缺的課題。

我沿著海岸騎行，沿途參觀各個海邊村鎮。蔚藍海水如玻璃般清晰見底，又像寶石似的閃閃發光，令我經常不禁跳進水裡暢泳。雖進度緩慢，但更覺寫意自在。在路上我試過獲准在當地人家門前露營，也曾經在空地被趕走，被迫深入林區紮營。即使未有跟當地人深入交流，但達瑪提亞（達爾馬提亞）的迷人風光早已將我的心俘虜。

扎達爾的海風和熱水澡為我洗滌疲憊，讓我得以放下單車，漫遊古城。除此之外，札達爾還有兩個著名的吸引點——海管風琴（海風琴）和摩迪（莫德里奇）[5]。前者是位於古城海邊的自然藝術裝置，設計師在海邊石階埋下長短粗幼不一的管子，利用潮汐拍岸，譜出猶如風琴演奏的樂曲，為古城增添活力。

扎達爾另一個新生克羅地亞的象徵，便是摩迪的成長故事。摩迪出生在扎達爾以北的一條小村，成長於獨立戰爭時期。在他年僅六歲時，家鄉卻被塞族占據，同住祖父亦被塞族武裝分子殺害。摩迪一家被迫離開原居地，並住進位於扎達爾，由荒廢酒店改建成的難民營內。於戰火連天的日子，摩迪與其他難民兒童一樣，只能在酒店停車場踢球。然而，他過人天賦並沒有被埋沒，同樣身處難民營的ＮＫ扎達爾（札達爾足球俱樂部，NK Zadar）青訓主管巴錫成為他

---

5 摩迪被視為近年克羅地亞足球的代表，甚至該國史上最佳球員。他的職業生涯獲獎無數，包括為皇家馬德里六奪歐聯冠軍、世界盃亞軍和季軍等，更曾打破美斯（梅西）和Ｃ朗拿度（羅納度）的長年壟斷，奪得足壇最高個人榮譽的金球獎。（截至二〇二四年）

最重要的伯樂。巴錫深知少年摩迪並非池中之物，積極為他穿針引線，讓他早登更大的舞台。可惜，十二歲的摩迪卻因身材瘦弱不為愛隊夏德所用，最終於十六歲加盟薩格勒布戴拿模（札格瑞布迪納摩足球俱樂部，Dinamo Zagreb），並輾轉成為世界頂級球星。他克服重重困難的奮鬥史，成為廣為人知的勵志故事。這種童話般的成功，雖然絕無僅有，但讓世人看到戰爭一代成長的苦難，也為屢屢於國際賽事展現驚人意志的國家隊寫下了註腳。

離開扎達爾後，我先參觀十六湖國家公園，才轉往首都薩格勒布。首都中央廣場一隅，是如店鋪般大小的足球博物館。「Budi Ponosan」有「為此驕傲」之意，顧名思義是展示足球為國家帶來的榮耀。博物館以不同年代的球衣、球鞋、錦旗和獎項等展品，記載克羅地亞一路走來的足球史，也符合以國家隊推動民族認同的主旋律。

足球博物館面積細小，吸引力遠不及世界聞名的分手博物館。後者原為一對藝術家戀人分手後所設的展覽，以紀念這段逝去的感情。他們的意念引起許多共鳴，開始接收世界各地的物件，並發展成為私人博物館，希望治癒更多的心靈。館內展示的每件展品，無論是模型、婚紗、布偶或擺設，背後都敘述一段獨一無二的真實愛情故事。無論最後是情感昇華，或不相往來，甚至反目成仇，關係破裂後都總會留有痕跡。克國與前南分手的痕跡無處不在，在博物館、在街頭、在人心，也在足球場。

打從南斯拉夫王國開始，塞克兩族不僅在政治和社會上明爭暗鬥，在足球上也分歧嚴重。王國的全國足協最初位於克羅地亞，卻於一九二九年改設在貝爾格萊德（貝爾格勒），不滿的克族人遂拒絕派員代表參與翌年的首屆世界盃。多年後，在不談種族只講階級的社會主義旗幟下，兩者始終未能團結。一九七二年起，前南足協更索性以種族分開出戰，大型賽事的外圍賽由塞族領銜，奧運隊則以克族球員為主。直至進入決賽週，方再雙劍合璧，務求能發揮實力之餘，亦把衝突機會減至最低。南斯拉夫於一九七六年主辦歐洲國家盃，有傳前南足協違背在薩格勒布作賽的承諾，依舊在貝爾格萊德出戰，因而引起克族球員不滿，並消極比賽。

除了歷史故事，球場也有肉眼可見的分手證據。我來到班霸薩格勒布戴拿模的主場馬科西米爾球場（馬克西米爾球場）。球場的設計獨特，三面看台為雙層矩形建築，唯獨南看台呈弧形，且互不相連。其中北看台寫有「Blue Bad Boys」（簡稱ＢＢＢ）的大字，正是球迷組織的統稱。球場外有一塊的紀念碑，浮雕中央是一隊持槍的軍人，附以球場和會徽作背景，並寫有「致所有戴拿模球迷，戰爭自一九九〇年五月十三日開始，以為國捐身軀告終。」紀念碑由ＢＢＢ豎立，以紀念於戰爭逝去的戴拿模球迷。

這個刻在紀念碑和歷史上的日子，正是戴拿模主場迎戰貝爾格萊德紅星的經典大戰，也被視為「戰爭的序章」。時間追溯到八〇年代末，整個南斯拉夫已是山雨欲來，政客和媒體大力煽動民族主義，強調族群差異，重提封存近半世紀的舊恨，加上政治經濟等多重危機，聯邦制國家危如累卵。

比賽前一星期，適逢克羅地亞國內進行大選。這場半世紀以來首次的多政黨選舉，由主張民族主義的克羅地亞民主聯盟勝出，開展脫離聯邦的步伐。兩家球會對決本已火花四濺，此際更是增添火苗。雙方球迷早於賽前已在市內劍拔弩張，自紅星球迷開始在球場內破壞和攻擊後，場面更是一發不可收拾。結果雙方球迷的嚴重衝突，加上警方明顯偏袒塞族，令克族多年的仇恨大爆發，演變成大規模騷動。而戴拿模球星波班（博班）眼見一名警員毒打克族球迷，因難以無視執法不公，憤而怒踢對方。此一踢雖令波班長期停賽，但亦令他被視為民族英雄。

同年九月，另一場「四巨頭」之間的比賽亦被視為「終結的開始」。當時，克國境內的塞族人在南斯拉夫人民軍支持下，發起武裝占領，封鎖主要道路，戰爭一觸即發。於風頭火勢下，在距離衝突範圍不足三十公里之遙，便是夏德主場迎戰柏迪遜。雖然在新規例下，客隊球迷不能進場參與，但主隊球迷還是高調表態，在比賽期間焚燒南斯拉夫國旗，高呼獨立是唯一出路，更一度闖進球場。無論哪一戰為獨立戰爭揭幕，都可見足球在巴爾幹跟政治密不可分。而「波班一踢」的經典畫面，似乎象徵若干年後克羅地亞得以「踢走」南斯拉夫政權，成功獨立。

著名勁旅夏德的主場。

塞爾維亞的紅紅焰火

前南成員國透過公投獨立，卻始終避不過內戰。因為內戰關係，南斯拉夫被剝奪一九九二年歐國盃決賽週資格，間接造就當年的「丹麥神話」。禁賽令直至一九九五年內戰結束為止，令南國錯過一九九四世界盃和一九九六歐國盃。事過境遷，當年的南斯拉夫已經土崩瓦解，並分裂成塞爾維亞、克羅地亞、波斯尼亞和黑塞哥維那（赫塞哥維納）、斯洛文尼亞、北馬其頓、黑山和科索沃七個國家。十數年間，其主體由南斯拉夫，到南聯盟，至只餘下塞爾維亞，可謂支離破碎。

我在親身到訪之前，對塞爾維亞印象負面，既因內戰中的罪行，也因球場上的醜聞。多年來，塞國足球似乎總是跟幫派罪行、球場暴力和極端民族主義扯上關係，而這三者往往是一體的。

巴爾幹足球素以球迷組織聞名，因其忠誠、團結和激情，讓球場氣氛血脈沸騰。當中尤以「四巨頭」[6]為最，其動員及組織力之高，早已超越球場，有力使球會進行民主化改革，甚至影響國策和推翻政權。然而，這巨大的影響力，也足以破壞社會。當中，有不法之徒假借足球之名，大肆擴張，進行諸如販賣毒品、偷運武器和政治暗殺等罪行。

球場暴力事件在塞爾維亞屢見不鮮，諸如警察被煙火嚴重燒傷、球迷在看台上被槍傷，甚至外國球迷被打死等[7]，還有數之不盡的球迷械鬥和破壞看台，都經常占據新聞的標題。

而三者一體的例子，是二〇一〇年的一場歐國盃外圍賽。當天賽前，作客的塞國極端球迷

---

6 四巨頭的球迷組織，分別是夏德的Torcida（以一九五〇年世界盃時巴西的球迷組織命名，有吶喊助威之意）、薩格勒布戴拿模的Blue Bad Boys、紅星的Delije（有英雄或勇氣的意思）和柏迪遜的Grobari（即掘墓人）。四巨頭的球迷組織，在克塞兩國的影響力甚至蓋過政黨。

7 二〇〇九年，一名法國圖盧茲（土魯斯）球迷，在歐戰作客柏迪遜的賽事開始前數小時，跟對方球迷衝突，終被毆打致死。

便在熱拿亞市（熱內亞）內搶掠、毆打和占據道路。比賽時，他們在作客區肆意破壞，當中Delije的蒙面首領伊萬•博格丹諾夫更極速爬上圍牆，破壞鐵欄，煽動群眾。一眾塞國球迷開始投擲煙火、襲擊他人，並焚燒科索沃國旗，展示「科索沃是塞爾維亞的心臟」的標語。即使球證暫停球賽，塞國球員力勸下仍舊不果，結果防暴警察進場，包圍客軍看台，並導致比賽腰斬。塞國極端球迷自編自導自演一場暴動，藉此展示對科索沃的立場。事後亦有分析指，國內黑勢力亦參與煽動是次惡行，目的就是以不堪與混亂的場面阻止塞國加入歐盟，以免其既得利益受損。灰燼中的科索沃國旗說明，民族主義再次醜陋而粗暴地虜劫塞國足球。

連黑山都於二〇〇六年跟塞爾維亞分手，豎起獨立的旗幟。

塞國友人認證

我藉「沙發衝浪」認識一班紅星年青球迷，希望聆聽當地人的聲音，也有人陪同我看球賽。我們抓一把花生、喝大口啤酒、暢談著足球，男子組很快地打成一片，世界通行！我有意識地提防傳媒的標籤效應，然而我對塞國足球的負面印象，卻得到當地人的認證。

他們同意塞國足球充滿暴力，打鬥是家常便飯，亦時有大型球迷衝突，但都說不出箇中原因。不過，這個國家和城市治安之差，早已是臭名遠播。九〇年代初，貝爾格萊德堪稱罪惡之城，在場五人中就有兩位曾見過槍戰。即使近年治安已大有改善，球場暴力始終存在。他們與我分享曾遇見的「大場面」，例如數百人打鬥、警員上膛戒備等，聽到我大為咋舌。

巴爾幹球迷組織的架構，往往是在統一旗幟設有分支，但部分三教九流，行為惡劣。他們確認部分球迷組織已無異於黑社會，藉球迷間的網絡擴張，從事各種犯罪活動。他們更點名柏迪遜（游擊隊足球俱樂部）的Grobari，指其下某些分支以販毒為生，活躍於附近一帶，荼毒青少年。我注意到他們沒有提及自己支持的紅星，但沒有愚蠢到繼續追問。

親臨紅星比賽

我隨大伙前往紅星球場觀看塞國頂級聯賽，在過程中卻無法不想起那些驚人的大場面。在進場前已感到場面略為混亂，空氣中也夾雜著不安全感。

紅星堪稱是塞爾維亞的代表球會，是東歐老牌勁旅，也是前南聯賽中奪得最多錦標的球隊。球會最為人津津樂道的，當數一九九一年勇奪歐冠盃及洲際盃的佳績，成為首家揚威歐洲的前南球會。當年的球員如罰球王米赫洛域（米哈伊洛維奇）、祖高域（尤戈維奇），以及被稱為「巴爾幹三個火槍手」的普辛尼基（普羅辛內茨基）、沙維斯域（薩維切維奇）和彭錫夫（潘采夫）等，都是赫赫有名的大將。這一隊紅星猶如南斯拉夫的縮影，囊括各族群的精英，卻因內戰爆發成為最後絕唱，讓人不勝唏噓，也延伸無限幻想。

我終於來到紅星球迷自稱「Marakana」[8]的主場，雖然今天遠未滿座，但忠實球迷長駐的北看台氣氛仍舊熾熱。比賽未開始，球迷已經熱血沸騰，都在歡呼與咆哮。友人特意勸告我在場內避免拍照，擔心引來不滿，後來一位朋友更特地伴我左右，以示意我「適當的」拍攝時機。他說因過去太多的球場暴力與失控，當局嚴厲打擊球迷攜帶煙火進場，輕則罰款，重則入獄。有些球迷擔心手持煙火的相片會成為入罪證據，因此他們可能會「出手」阻止。

比賽開始的鳴笛聲被淹沒，在「主腦」[9]的帶領下，球迷們高唱歌曲頌讚支持。球場上無人坐下，情緒高漲到讓人懷疑。這可能是我看過球迷跟比賽最少的互動，但竟不是因為冷淡，而是太狂熱。直至球證無視對手的粗野攔截後，部分球迷大喝倒采，我才肯定他們也有看球

---

8 巴西為迎接一九五〇年世界盃，在里約熱內盧興建當時屬劃時代建築的馬拉簡拿（馬拉卡納）球場，被視為足球聖殿。

9 在意大利球壇被稱為「Capo」，通常在看台上背對球場，面向人群，以各種方式領導群眾，猶如管弦樂團的指揮家，被視為球迷文化中的一大元素。

賽。然而，我也難以明白倒采或歡呼如何在不影響歌曲之下並行。即使場上發生任何事，球迷的歌曲也都沒有停止。在「主腦」和巨大鼓聲全程帶領下，球迷接連不斷地歌唱，九十分鐘都從沒停止。即使連表現斯文的友人也全情投入，渾然忘我。這確實是另一個境界的激情。我赫然感到半場休息，似乎對球迷而言更為重要。

相比主場球迷的氣勢，球隊表現相形見拙。「Goal!」紅星隊下半場終於入球！整個球場隨之躍動，歡呼、振臂與擁抱盡現。高漲的情緒被照明彈徹底燃點，火光紅紅之後，便是煙霧迷漫。我無法估計多少的照明彈在同一瞬間被點燃，如果對當局打擊成效有所疑問的話，眼前畫面就是最好的答案。無怪乎紅星球迷對其北看台如斯自豪，其氣氛真是一絕，但友人都說這不過是小兒科，在重要賽事時氣氛堪稱十倍於此。

球迷組織在場內也有派發單張，撰文表示要為球隊拚盡全力。球迷不能只唱歌十數分鐘，必須要全場不斷地高唱。他們也呼籲到客場支持愛隊，以反客為主。我從「主腦」的領唱和宣傳中，可見其高度的組織性，而現場氣氛的牽動與張力，以及全情投入的身分，都令我能明白球場確是宣揚思想的地方。然後，我又想起了牆上的壁畫以及場內看到的旗幟……

民族主義與戰爭罪犯

比賽日後我重訪紅星球場，仔細地看每幅壁畫。壁畫既有展示軍帽、刀槍、戰爭和群眾等形象，也寫有Delije之名。在Delije的旗幟下，由各小分支組成，例如Ultras、Red Devil和Zulu

Warriors等組織，他們跟球會關係密切，甚至在球會內擁有專屬辦公室。Delije不僅好勇鬥狠，也因極端民族主義而聲名狼藉。他們高唱挑釁意味的塞族歌曲，又不時火燒科索沃國旗，其官方網站更大字標題地寫著：「科索沃是屬於塞爾維亞的！」

球場的北看台是紅星極端球迷的巢穴，真實呈現其意識形態。我看見牆上掛有一塊大理石石碑，並設有燭台以悼念。石碑上刻有「紀念一九九一至一九九九年戰爭中的死難同胞」的字句，亦有紅星會徽、東正教十字架和「塞爾維亞義勇軍」[10]的軍徽。旁邊的壁畫是手持步槍的Branislav Zeljković，他以忠實球迷和「志願軍」長官的身分被球迷組織美化。除此之外，還有多幅歌頌歷史戰事的壁畫，包括十四世紀科索沃之役、十九世

紅星球場內的壁畫，跟戰爭、暴力和民族主義關係密切。

10 「塞爾維亞義勇軍」，為塞國武裝組織，有強烈極端民族主義與罪犯意識。由球迷領袖Arkan成立，故亦俗稱「Arkan Tiger」，組織內大多為其親信、罪犯和Delije成員。在南斯拉夫內戰其間，走上戰場的最前線，「支援」塞爾維亞正規軍，犯下了非人道禁錮、輪姦、種族清洗等種種戰爭罪行。

紀對抗鄂圖曼和二次大戰等。球迷以內戰武裝分子與史詩式民族傳說壁畫並列，用意明顯不過。

令我更深刻的，是比賽期間球迷揮舞的人像旗幟。極端球迷公開支持內戰時期的戰犯，包括「波斯尼亞屠夫」穆拉迪（穆拉迪奇）[11]和綽稱「Arkan」的傑利科‧拉茲尼亞托維奇。兩人都是罪行滔天的殺人狂，而後者更徹底利用民族主義和黑勢力騎劫足球。

Arkan在年青時已是著名罪犯，曾在西歐參與多次銀行械劫、謀殺及成功逃獄。當他回到南斯拉夫後，大力發展其非法活動，並因其政壇網絡而無法無天。他作為Delije的領袖，積極參與球迷組織工作，從中吸納成員，大肆煽動民族主義。一九九一年在薩格勒布的比賽騷亂中，始作俑者正是由他所率領的逾千名Delije成員。Arkan作為塞國總統斯洛波丹‧米洛舍維奇信任的鷹犬，亦因曾經接受軍訓，便「自發」成立「塞爾維亞義勇軍」，更在紅星球場進行特訓。此人跟其武裝組織在戰場上任意妄為，在已有戰火下更添殘暴與罪孽。

由於他跟大塞爾維亞主義統治者米洛舍維奇私交甚篤，遂能加官晉爵，勢力進一步提升，並延伸到政治層面，一度在國內呼風喚雨、隻手遮天。他收購的次級聯賽球隊奧比利奇俱樂部，亦瞬間打破壟斷，成為近二十年來，除紅星和柏迪遜以外，唯一奪得塞國頂級聯賽冠軍的球隊。當然，所有人都知道，這都是威迫利誘下的假球。最後，這名被國際通緝的十大罪犯之一，於二〇〇〇年被槍殺，但絲毫不減他深重的罪孽。

[11] 穆拉迪為波斯尼亞戰爭期間的塞軍領袖，他曾下令執行斯雷布雷尼察大屠殺，因反人類罪和種族滅絕罪等被判終身監禁。

離開紅星前，我跟紀念品店兩位職員談論塞國和足球。言談間，我發現他們（毫不意外地？）熟知可卡因（古柯鹼）行情，論調也跟主流的雄性主義相符。職員說：「我們很簡單。塞爾維亞就是酒、女人加上紅星。」對於那段過去的歷史，職員甲表示：「其實各族間的分別並不是那麼大，都是政治因素導致分裂。」的確，各族間都總有人一直鼓吹煽動、挑撥離間，使彼此只著眼於差異。以語言為例，克、塞、波和黑族的語言實際都是同一種語言的四個分支，雖然書寫方式有異，但有相同的結構和文字，卻被民族主義者無限放大。職員乙補充道：「我不認為塞國足球被政治化或是被民族主義占據，我們只是在球場上展現科索沃問題，其他的我們都一概不談。」我謝過他們請我喝酒，內心卻不敢苟同。「如果紅星都不算民族主義和政治化，那算甚麼？」

各走各路與永恆打比[12]

夏德與薩格勒布戴拿模，貝爾格萊德紅星和柏迪遜，兩國最重要球會之間的對決，被稱為永恆打比。多年來，兩國的永恆打比都是場外刀劍光影，場內頭崩額裂。即使如此，永恆打比的大戰氣氛，都曾被民族主義所掩蓋，同國宿敵槍口一致對外。

一九九二年的塞爾維亞永恆打比，正當兩隊球迷如常互相叫陣之際，「Arkan Tigers」出現

12 「打比」一詞常用於足球宿敵間的對決，如同城或同區的打比戰。「永恆打比」（Eternal derby）一詞常見於東歐，被視為全國最重要的宿敵對決，因而亦被視為「國家打比」。

在北看台，耀武揚威地展示武科瓦爾[13]及其他克羅地亞村莊的路牌。首領Arkan高調現身，接受兩隊球迷「英雄」式的歡呼，全場都在慶祝他們的「軍功」，球賽如同中止般無人理會。這一幕成為民族主義騎劫足球的象徵，也為塞爾維亞烙下不滅之印。時至今日，當「共同敵人」消失，彼此各走各路之後，兩國和足球又何去何從？

克國走向地方主義

克羅地亞自從獨立後，逐步從戰爭中恢復，對外向西歐靠攏，二〇一三年正式加入歐盟，經濟發展向好，且在國際賽場上屢創佳績，向世人展示強大的軟實力。然而，在欣欣向榮的表面風光背後，也不無暗湧。

自從獨立以後，薩格勒布戴拿模在國內獨大，囊括七成的頂級聯賽冠軍，完全將南部的夏德比下去。即使競爭性大不如前，兩隊矛盾卻與日俱增。這已不止是激進球迷間的打鬥，有人甚至因口音或顏色，平白受到無差別襲擊。兩隊球迷間的暴力，正是首都和南部之間，政治和經濟緊張局勢的縮影。於二〇一六年歐國盃，以Torcida為主的球迷就曾在對戰捷克比賽期間，向球場投擲照明彈及爆炸品，以此表示對以蘇加（蘇克）為首的克國足總和足壇權貴馬米奇的不滿。反對聲音質疑當權者偏袒首都，打壓南部，而且貪汙腐敗。他們更拒絕支持國家隊，認

13 武科瓦爾位於克羅地亞境內，於一九九一年血腥圍城戰中被塞軍摧毀。包括塞爾維亞義勇軍在內的塞軍，在此犯下殘殺、虐待、輪姦和種族清洗等暴行，為人類之恥。

為國家隊只是戴拿模的代名詞和權貴操縱的工具。獨立建國逾三十年，國家內部財富和權力不成比例的分配，成為地域仇恨的根源。由於兩家球會區內的絕對普遍性，則分別代表北部首都和南部海岸的文化和身分認同。兩者在身分認同的建構過程中，亦從過往偏重的民族主義到近年的地方主義。即使以上的身分並非互相排斥，亦必然有所重疊和並存，但兩大球會間的矛盾，正削弱國家凝聚力，挑戰克羅地亞作為統一國家和民族的概念。

塞國還剩下甚麼？

至於塞爾維亞，則在砲火和瓦礫中步履蹣跚，在與西方和解的同時，也投向俄羅斯和中國的懷抱。塞國足球則更是一蹶不振，甚至淪為罪惡溫床，威迫利誘、操

獨立後的克羅地亞屢創高峰，就如其杜布羅夫尼克古城般令人深刻。

縱賽果以及洗黑錢等醜聞不絕。

柏迪遜由南斯拉夫國民軍（JNA）軍官成立，以鐵托當年的地下游擊隊命名，在意識形態上主張聯邦主義。紅星本由共產黨人創立，也有警察背景，但隨年月累積，成為右翼和大塞族主義的代表，兩者亦因此迥異。二戰期間，共產主義的遊擊隊與民族主義的切特尼克屢生衝突，加上建國後軍隊對東正教會的打壓，兩種意識形態的舊仇，也隨之注入兩家球會的血液內。

時移勢易，柏迪遜傳統上的意識形態，基本上已蕩然無存，但兩者之間的暴力和火爆則絲毫未減。一九九九年，一名少年紅星球迷在球場內被對方的火箭砲射死。二〇一三年，逾百人因永恆打比相關的衝突被捕。數年後，我再度到訪塞爾維亞，並親臨永恆打比，追尋這對宿敵之間的對決，到底還剩下甚麼？

塞爾維亞永恆打比，被不少人形容為歐洲最危險的賽事，雖然見仁見智，但也有一定的數據支持。我曾經猶豫是否進場觀看，最後還是決定把握機會。那是一個星期六的黃昏，我隨人群湧往游擊隊球場，沿路每個角落都是全副武裝的防暴警察。警察的人數眾多，而且煞有介事，上空甚至有直升機盤旋，大戰氣氛彌漫整個城市。

兩家球會是我接觸過關係最差的宿敵之一，其地理位置卻非常接近，相距只有不足一公里、僅十分鐘步距之遙。難怪兩者之間經常出現伏擊和械鬥的場面，我難以想像警方如何維持秩序。

我來到游擊隊球場，無論是球場或外圍的壁畫，都是黑白色為主，配合球會的色調。在沒有本地朋友陪同下，我沒有選擇激進球迷的南北看台，事後證明是正確的選擇。此時球員在場區內熱身，球場尚未滿座，雖然南北看台已經非常高漲，但整體氣氛相對輕鬆。作客的紅星球員熱身後，便回更衣室準備，他們經過有蓋通道時，都加快步伐，以免受附近的主場球迷襲擊。

全場的球迷理所當然地站著，也有許多人攀坐在圍欄之上，我似乎已經見怪不怪。大會宣布正選球員名單時，看台上的自家球迷，會為他們逐一致敬，甚具儀式感。在雙方球員列隊時，北看台的紅星球迷，已率先施放一輪煙霧彈助興，南看台未幾便還以顏色。球賽尚未開始，雙方球迷便已爭持不下，這就是塞爾維亞足球！

巴爾幹足球的另一個特色，就是球場上屢見民族符號和政治標語。即使我因為語言障礙所限，仍能辨識部分的訊息。其中一支紅星球迷的旗幟，在自家Delije標誌旁，還有兩家國外球會的球迷組織，分別是奧林比亞高斯（奧林匹亞科斯足球俱樂部，Olympiacos）的Gate 7和莫斯科斯巴達（莫斯科斯巴達克足球俱樂部，Spartak Moscow）的Fratria，突顯三者東正教會背景和意識形態上的連結。除此之外，他們還展示數幅人像的旗幟或橫幅，包括切

紅星球迷不時在看台上宣示科索沃主權。

特尼克二戰時期的領袖德拉查・米哈伊洛維奇。至於柏迪遜，則熱衷於以大橫幅顯示其組織力。他們於比賽早段展示大型徽章，配以閃光彈和旗幟作襯托，好生威武。其後，他們繼續以由下至上的捲軸形式，展示兩幅巨型的人像橫幅，兩幅的面積加起來，幾乎覆蓋整個南看台。雙方無論是口號、動作或橫幅都各有特色，唯一相同的是，兩隊也有展示宣示科索沃主權的旗幟。

兩隊半場互無紀錄，但好戲尚在後頭，我在相對溫和的長邊看台坐山觀虎鬥。夜幕低垂，下半場開始，南北看台終於按捺不住，球場的空氣頃刻間充滿火藥味，但這卻絕非比喻。紅星看台率先燃起戰火，一時之間煙火聲此起彼落，閃光彈、照明彈、煙霧彈等空群而出。北看台猶如一片火海，但歌聲從未停止、旗幟持續舞動，既震撼又詭異。對方也不甘示弱，立即點燃藥引，南看台立時被無數照明彈燃亮，彷如手持火把的中世紀大軍。在濃煙、紅光和火焰間，能見度極低，但雙方球迷在「主腦」們的帶領下，仍能極其整齊一致地躍動、拍掌和高叫口號。當一邊噴出黑煙，另一方便施放紅霧，球場有如上演光影表演節目，甚至有幸得皎潔圓月作背景，無論是現場感、聲音或畫面，都只能用誇張來形容。

現場也不是每個人都享受其中。防暴警察全程觀察看台，持續戒備，他們都深知必然有採取行動之時。在南看台情緒過激時，數十發照明彈被投擲向場區，猶如流星雨。手持長鉗的消防員，習以為常地將之放進金屬桶內。可憐一位防暴警察，被一顆照明彈硬生生地擲中面門，只盼他有戴好保護面罩。有柏迪遜球迷開始焚燒一系列的紅星球衣，對方也在北看台的座椅縱火，要勞動小型消防車出勤。

比賽大部分時間處於膠著，雙方也沒有絕對優勢。直到八十九分鐘，主隊藉一次美妙組織後入球，一箭定江山，也令全場再度陷入瘋狂。許多球迷衝進球場，與球員一起慶祝。主隊球迷如願揚威永恆打比，也令我鬆一口氣。觀乎塞國現時的競技水平只屬中等，但看台上的激烈程度，必定是世界頂級之列。

自我反思的必要

親歷永恆打比後，我心感佩服，感受到巴爾幹足球的黑暗面以外，還有許多瑰寶，包括他們的熱情和精彩。我在巴爾幹旅行間，得到不少人的幫助，讓我確信社會的黑暗只屬部分人的惡行。

巴爾幹人經常不諱言：「我們巴爾幹人跟其他歐洲人不同，我們充滿熱情，但卻很瘋狂。」或許是長年對抗外敵的歷史，使執拗狂熱的反抗意識植根人心，巴爾幹人彷彿必須要被歸類於某個身分，而且全情投入、壁壘分明，甚至非我即敵。為了守護身分與所屬，即使使用暴力，也被視為神聖之舉。或者，這就是「歐洲火藥庫」的業障，是百年苦難的咒怨，是來自和平國度的人難以感受或批判的。

可是，文明之所以能夠推進，就是人類有反思的智慧。身分認同有助建立自我，讓群眾團結，使心靈凝聚。但是，身分的建構，可以無限細分，也應該能兼容並包。內聚與排他，熱情和瘋狂，往往是一線之隔，但當身分越過普世價值的界線時，便是時候摒棄那互相傷害的身分了。

如何活出熱情，而不至因瘋狂而越界，就必須從經驗中自我反思。二〇〇八年，極端球迷烏羅什・米希奇被控意圖謀殺，他涉嫌在看台衝突中，將照明彈塞進一名警察口中。米希奇得到許多紅星球迷的支持，聲援他得到「公義」的壁畫，直至今日仍隨處可見。經歷減刑和特赦，他刑滿出獄後，卻因牽涉暴力、謀殺及有組織罪案等罪名屢次被捕。這令我想起塞國常見的被害情結，還有當年法官的判詞：「這裡有種奇怪的流行病，總是將訴諸暴力的人視為英雄，卻將受害者妖魔化成怪物。」

水能載舟，亦能覆舟。正如克羅地亞獨立後首任總統圖季曼跟BBB反目後，隨即在選舉中失勢，米洛舍維奇在社會普遍反對聲音和Delije的背叛後，亦終被推翻。然而，極端民族主義沒有隨個別政客下台而離開。克國球迷屢在國際賽場上展示納粹符號，高呼烏斯塔沙相關的口號。紅星更於二〇一九年在球場外停泊和展示一部坦克，勾起人們的戰爭回憶，惹起鄰國不滿和猛烈批評。

由於競技水平下降、欠缺資金和吸引力等因素，形成惡性循環。十數年來，區內都有聲音探討建立「中歐足球聯賽」或「巴爾幹足球聯賽」的可能，希望以此吸引巨額贊助和電視轉播費。相近的概念或嘗試，在其他的體育範疇如籃球、水球、手球和排球等，都已經付諸實行。然而，足球作為前南解體的重要元素，於戰爭的創傷仍未痊癒，極端民族主義依然盤據的當下，社會似乎需要沉澱與反思，多於抱薪救火的魯莽。

克羅地亞於二〇一八和二〇二二年世界盃再創高峰，徹底超越和擺脫前南斯拉夫的過去，「前南復合」之說也漸見式微。我想起與塞國友人的討論，他說：「現在只餘下塞爾維亞更好，我們可以真正的重新上路。」大概是所有人都明白，早已回不去了。

譯名表

香港譯名	台灣譯名	外文	外文暱稱
克羅地亞	克羅埃西亞	Republika Hrvatska / Croatia	
南斯拉夫	南斯拉夫	Yugoslavia	
奧匈帝國	奧匈帝國	Austro-Hungarian Monarchy	
鄂圖曼	鄂圖曼	Ottoman	
俄羅斯	俄羅斯	Russia	
塞爾維亞	塞爾維亞	Serbia	
斯洛文尼亞	斯洛維尼亞	Republika Slovenija / Slovenia	
鐵托	狄托	Josip Broz Tito, 1892-1980	
巴爾幹	巴爾幹	Balkans	
黑山	蒙特內哥羅	Montenegro	
波斯尼亞	波士尼亞	Bosnia	
科索沃	科索沃	Kosovo	
穆斯林	穆斯林	Muslims	
烏斯塔沙	烏斯塔沙	Ustaše	
法西斯	法西斯	fascism	
切特尼克	切特尼克	Četnici / Chetniks	
杜布羅夫尼克	杜布羅夫尼克	Dubrovnik	
科爾丘拉島	科爾丘拉島	Korčula	
斯普利特	斯普利特	Split	
亞德里亞海	亞得里亞海	Adriatic Sea	
扎達爾	札達爾	Zadar	
古羅馬	古羅馬	Ancient Rome	
意大利	義大利	Italy	
希臘	希臘	Greece	
威尼斯	威尼斯	Venice	
波倫德球場	波倫德球場	Stadion Poljud	
夏德	哈伊杜克	Hajduk Split	
達瑪堤亞	達爾馬提亞	Dalmatia	

香港譯名	台灣譯名	外文	外文暱稱
海管風琴	海風琴	Morske orgulje / Sea organ	
摩迪	盧卡・莫德里奇	Luka Modric, 1985-	
NK扎達爾	札達爾足球俱樂部	Nogometni klub Zadar	NK Zadar
巴錫	-	Tomislav Bašić, 1980-	
薩格勒布戴拿模	札格瑞布迪納摩足球俱樂部	Građanski nogometni klub Dinamo Zagreb	Dinamo Zagreb
足球博物館	-	Budi Ponosan	
分手博物館	失戀博物館	Museum of Broken Relationships	
馬科西米爾球場	馬克西米爾球場	Stadion Maksimir	
貝爾格萊德紅星	貝爾格勒紅星	Crvena Zvezda	
波班	茲沃尼米爾・博班	Zvonimir Boban, 1968-	
柏迪遜	游擊隊足球俱樂部	Partizan	
丹麥	丹麥	Danmark	
黑塞哥維那	赫塞哥維納	Herzegovina	
北馬其頓	北馬其頓	North Macedonia	
熱拿亞市	熱內亞	Genova / Genoa	
-	伊萬・博格丹諾夫	Ivan Bogdanov, 1980-	
紅星球場	紅星體育場	Stadion FK Crvena Zvezda	
米赫洛域	西尼沙・米哈伊洛維奇	Siniša Mihajlović, 1969-2022	
祖高域	弗拉迪米爾・尤戈維奇	Vladimir Jugović, 1969-	
普辛尼基	羅伯特・普羅辛內茨基	Robert Prosinečki, 1969-	
沙維斯域	德揚・薩維切維奇	Dejan Savićević, 1966-	
彭錫夫	達爾科・潘采夫	Darko Pančev, 1965-	
穆拉迪	拉特科・穆拉迪奇	Ratko Mladić, 1943-	
-	傑利科・拉茲尼亞托維奇	Željko Ražnatović, 1952-2000	
-	斯洛波丹・米洛舍維奇	Slobodan Milošević, 1997-2000	
-	奧比利奇俱樂部	Fudbalski klub Obilić	FK Obilić
可卡因	古柯鹼	cocaine	

香港譯名	台灣譯名	外文	外文暱稱
永恆打比	-	Eternal derby	
武科瓦爾	武科瓦爾	Vukovar	
蘇加	達沃・蘇克	Davor Šuker, 1968-	
馬米奇	德拉戈・馬米奇	Zdravko Mamic, 1954-	
游擊隊球場	游擊隊球場	Stadion Partizana	
奧林比亞高斯	奧林匹亞科斯足球俱樂部	Olympiacos	
莫斯科斯巴達	莫斯科斯巴達克足球俱樂部	Spartak Moscow	
米哈伊洛維奇	德拉查・米哈伊洛維奇	Draža Mihailović, 1893-1946	
-	烏羅什・米希奇	Uroš Mišić	
圖季曼	弗拉尼奧・圖季曼	Franjo Tuđman, 1922-1999	
納粹	納粹	Nazi	
		註腳	
共產游擊隊	-	Partisan	
皇家馬德里	皇家馬德里	Real Madrid Club de Fútbol	Real Madrid
美斯	萊納爾・梅西	Lionel Messi, 1987-	
C朗拿度	克里斯蒂亞諾・羅納度	Cristiano Ronaldo, 1985-	
圖盧茲	土魯斯	Toulouse Football Club	Toulouse F.C.
里約熱內盧	里約熱內盧	Rio de Janeiro	
馬拉簡拿	馬拉卡納	Maracanã	
塞爾維亞義勇軍	塞爾維亞義勇軍	Serb Volunteer Guard	

第二章 砥礪前行：科索沃&阿爾巴尼亞

NEWBO

為何科索沃多年無法參與國際賽事？

科索沃，一個懸而未決、命運待定的名字。在巴爾幹眾多的名字中，科索沃是最先進入我耳中的一個詞彙。她聯同塞爾維亞與北大西洋公約組織，一起從國際新聞中被提及，然後被許多人忘掉。當今天前南解體塵埃落定之時，她仍舊面對許多的「未解決」。

足球是世界入門書，先認識國旗，繼而感受民族性，再深究史地。然而，翻開課本卻遍尋不獲，科索沃的名字長期從缺，為甚麼科索沃多年無法參與國際賽事？我到訪這個「神祕」的地方，聽她的足球經歷，看戰後重建的人如何生活。

兄弟邦阿爾巴尼亞

為全面了解科索沃，我先後到訪阿爾巴尼亞和塞爾維亞。因為該地區的歷史，就是兩族共同以血撰寫而成的。我先到訪巴爾幹地區的異類——阿爾巴尼亞。

一九一二年，奧匈帝國為抑制塞爾維亞擴張，扶植阿國獨立。作為伊斯蘭國家，阿國跟跟鄰近的塞爾維亞、希臘等國家難成密友。即使是處於火紅的共產主義年代，阿國在東歐共產陣容中，仍算是孤僻離群的一個。

她跟鄰國的關係從來都談不上和諧，近年更是以恐怖襲擊、貧窮、和治安問題聞名。了解阿國歷史，便能明白科索沃的轉變與爭議。阿爾巴尼亞數百年來受盡各侵略者所占領，鄂圖曼不僅改變其宗教信仰，亦與後來的意大利法西斯一樣，促使更多阿族人移居科索沃。至今科索沃已經改頭換臉，由塞族文化源起變成阿族為主的地區。人口流動，是促成其獨立和爭議的主因。

阿爾巴尼亞的感覺跟歐洲大部分地區截然不同，除了有許多清真寺外，還有甚為破落的市容，除了首都和少數遊旅遊點外，整個國家充斥著百廢待興的氛圍。然而，作為歐洲第二貧窮的國家，她的身影又是這般的恰如其分。

我在首都地拉那旅行期間，先參觀當地球會KF地拉那（地拉那足球俱樂部，KF Tirana）的主場塞爾曼・斯特馬西體育場，又實地視察U－13的少年軍的足球訓練。由於設施與資源所限，阿國的足球水平並不突出，好些少年球員更只能赤腳受訓。其後我前往國家球場，意外地遇見「黃牛黨」忙於銷售數天後的歐國盃外圍賽球票。我不是法國隊的球迷，更莫說是

貧窮的阿爾巴尼亞百廢待興，自然也影響足運發展。

阿國了。然而，「黃牛兄」告訴我，許多在北馬其頓和科索沃境內的阿裔人也會遠道而來，支持「他們的國家隊」。這是最好的機會，讓我感受科索沃與阿國人的關係以及其身分認同。

泛阿爾巴尼亞國家隊

當天晚上，前往國家球場的路上已經滿是「紅潮」。許多人早已準備國家隊球衣，或身披阿爾巴尼亞國旗，或至少穿上紅色衣服。今夜的地拉那，國家隊比賽是頂頭大事，一切的其他活動都要靠邊站。

我在開場前一小時多到達球場，但進出口處已經是非常擁擠。許多人不顧一切地往前擠，希望盡快進場。然而，大概因為安全考慮，警察於數分鐘後完全地封鎖進出口，任何人士都無法進場，令場外大量球迷鼓譟。數百人齊聲叫囂，高舉手上的球票，甚至有較為激動的青年，嘗試突破防線，像發瘋似的破口大罵，並與警察有所推撞。防暴警察舉起警棍開始動武，我立即避之則吉。最終，尚未進場便有部分生事球迷被帶上了警車，這一切就發生在我的身旁，真實得有點過火。

警察毫無示意會否重開入口，大家都心急如焚。我拿著「黃牛價」五歐元的門票，深明這不是金額的問題。人群的進場意欲，就如潮汐巨浪，推動著其中的每一個人，有時連站立也不穩。我時刻保持警覺，還想要守護在旁的孩子。夾在身體與汗臭之間，尚未進場我便已能感受他們對國家隊的熱情。只是這種熱情，令人連站著也太累了一點。

近半小時後，警察終於讓球迷有限度地逐一進場。我期待自己的第一場歐國盃之餘，也不忘與旁邊的球迷們搭訕聊天。言談間，來自地拉那的年青人明確地表示，科索沃的阿族人是他們的兄弟，是同族同源、本無二致的一家人。這就是阿族人之間的聯繫，即使有著政治上的國界，但是在他們的眼中，其血統、文化和宗教等一切都是相同的，他們都是阿爾巴尼亞裔人。

尤其於高唱阿國國歌的時候，場內上萬的人中，大概就只有我和法國隊的各位沉默著。球賽未開，煙火已不斷，一時間煙霧彌漫，甚至看不見草地。看台上的部分球迷有系統地引領著節拍，在高歌歡呼，氣氛熾熱。球場內總是愛恨分

位於旅遊小鎮克魯耶（Krujë）的卡斯翠奧蒂體育場（Kastrioti Stadium），以民族英雄斯坎德培（Gjergj Kastrioti Skënderbeu, 1405-1468）的家族命名。

明，無論己方球員表現如何，總會被拍掌鼓勵。在對手進攻時，全場球迷噓聲四起，盡顯主場威力。

無疑法國隊技高不止一籌，但是主隊在球迷支持下表現出色，最終雖以1比2落敗，卻已贏盡了掌聲。對於球迷，最重要的不是成績，而是過程中能為國家隊盡情喝采。在阿國入球後全場舞動，擁抱身旁的兄弟，那份歸屬感與認同，已經足夠美好。

在旅行中，幾乎遇到的阿族人，在談及科索沃時，都猶如談及家人般親切與溫柔，盡顯泛阿爾巴尼亞地區「兄弟們」的歸屬感和認同。我看見他們球場內對「國家隊」的投入與熱誠，難以記起他們擁有不同的國籍。北馬其頓、黑山和科索沃地區的確住有不少的阿族人，但我沒有想過種族的力量是如此的龐大。這也貫徹巴爾幹過盛的民族主義和危險。

阿國球賽為我的科索沃之旅點題，但我畢竟不能在境外斷言，既無法說服任何人，也未能滿足我的好奇心。究竟科索沃人民的意願如何？科索沃人民如何看自己的國家？她的足球如何發展？為此，我必須正式進入科索沃一趟。

認識科索沃

爭議背景

進入科索沃之前，必須熟讀她的歷史，才能明白爭議和困難的所在。科索沃背負著太多的歷史包袱，至今仍然舉步維艱。因為領土主權與獨立問題，令她成為世上其中一個被聚焦的地區，也衝擊著其命運之輪的運轉。科索沃作為塞爾維亞文化的發源地，被塞族人高度的重視，相比其他前南成員國，塞族人更不願接受科索沃獨立，或甚落入阿爾巴尼亞之手。

科索沃的領土爭議，在於其民族混居與多年的人口流動。塞爾維亞人於十二世紀始，在科索沃地區建立其國家，並視其地為塞族文明的靈魂。然而，十七世紀末期，塞族人為逃避鄂圖曼的侵略與統治，大規模北移，遷離科索沃。自此阿族人逐漸遷入，並取而代之，成為該區的主要民族。

兩次巴爾幹戰爭後，塞爾維亞崛起，重新將科索沃納入版圖，卻已遭到當地阿族的反抗。一戰後，南斯拉夫王國又重奪於戰時失去的科索沃，並跟阿國議定國界。二戰時期，科索沃被劃入受意大利法西斯支持的阿爾巴尼亞。二戰過後，鐵托成立共產南斯拉夫，又再取回科索沃主權，並成為南聯邦的自治省。如是者，科索沃地區主權在歷史上多番易手，並無所謂「自古以來固有領土」，塞阿兩族在新仇舊恨下，始終各執一詞。

百年來，歷代統治者為分化反對勢力，刻意離間各族關係，煽動民族主義。如鄂圖曼善待信奉伊斯蘭教的阿族，貶低塞族地位。二戰期間，意大利法西斯於占領科索沃期間，打壓塞族，扶植阿族極端分子，推動大阿爾巴尼亞一統主義。除了別有用心的征服者外，當權勢力每每以民族主義為先的不公平對待，亦令境內兩族矛盾日深。由一戰後塞族政府推行「大塞爾維亞主義」政策，到前南時期當權阿族藉高度自治權打壓塞族，都令仇恨持續蔓延。

而兩族間的宗教差異亦使得科索沃問題更形複雜，牽連更廣。信奉東正教的塞族視科索沃為其宗教聖地，絕不甘心將之拱手相讓予伊斯蘭教的阿族。當年塞族發源地，今天已是逾九成人口為阿族的穆斯林社區。阿族人跟仍居科索沃的塞族人口時有衝突，早於科索沃獨立戰爭之前，已經是長年衝突不斷的緊張地帶。

民族混居、政治利益、民族主義與宗教文化差異等因素的揉合，促成科索沃長年的劍拔弩張。這也是整體巴爾幹問題的縮影和寫照。

獨立過程

於前南統治的早期，科索沃仍舊動盪，抗議騷動時有發生，甚至出現恐怖襲擊式的刺殺行為。直至七〇年代，局勢始見平靜。隨著鐵托的離世，經濟問題以至種族情緒開始浮現，前南步向解體，科索沃地區也再度風起雲湧。

米洛舍維奇在當選總統前，曾在科索沃強硬處理阿族人的抗議，並利用塞族人對阿族統治者的不滿，煽動大塞爾維亞民族主義情緒。他正式執政後，於一九九〇至一九九五年間，南斯拉夫單方面撤銷科索沃的自治權，並進行幾近戒嚴的統治。除了在公共企業大規模開除阿族人、阿語媒體被迫停辦外，更煽動塞爾維亞民族主義者及軍隊，對阿族進行「種族淨化」。在其政策下，導致超過六十萬的難民潮，上萬人死亡，亦令其「巴爾幹屠夫」之名不脛而走。

在科索沃境內外的阿族人遂自組成立影子政府，正式展開爭取獨立的行動。境內外激進阿族分子，得到本國的軍事支持和援助，組成「科索沃解放軍」（阿語簡稱為UÇK），以恐怖主義方式襲擊塞族警察和公共部門，以驅逐塞族勢力，建立「無塞族人居住區」，並爭取獨立。

一九九七年末，「科索沃解放軍」加強襲擊，占據科索沃大部分地區。翌年，米洛舍維奇正式派兵，以軍事武力回應，點燃科索沃獨立戰爭的狼煙。隨著北約介入，威脅對前南動武，談判曾短暫展開。北約提出停止一切種族屠殺、讓科索沃重獲自治以及北約維和部隊進駐的要求，但遭前南拒絕。北約因而發動猛烈空襲，造成大量平民傷亡。最後由聯合國出面，承認科索沃是南斯拉夫領土，各軍必須撤出科索沃，由聯合國維和部隊進駐。至此雙方協議停火，科索沃戰爭歷時七十八天，導致直接死亡人數逾萬，難民或被迫遷人數逾百萬。科索沃於二〇〇八年正式宣布獨立，為世上最年輕國家之一。

親臨歐洲最年輕國家

戰爭平息距今已逾二十年，科索沃雖已宣布獨立，但仍受聯合國託管，爭議依然存在，正常化之路崎嶇。因此，到科索沃旅行的人不多，既因其欠缺具國際知名的景點，也因外人對其安全仍然存疑。

阿國的博物館內，展出科索沃獨立相關的郵票，可見兩國關係緊密。

我從地拉那乘早車入境，前往科索沃首都普里什蒂納（普利斯提納），入境過程非常順利。鄰座的阿族仁兄表示，阿國是跟科索沃往來最頻繁的國家。他以自身為例，來到科國境內探望朋友，也是一天來回。兩國出入境幾近互通，毋需護照，只需出示身分證，可見兩者的密切關係。更甚者，連接兩國的高速公路，也是阿國境內最好的道路。這條合符國際標準的高速公路，連接不少天橋以及一條長達六公里的隧道，耗資十四億歐元。旅行期間，我深感阿國政府窮困，一個甚至連首都的水電也供應不穩的國家，竟然斥鉅資興建跨境道路，可見其對科索沃何等重視。

我到達首都後，因問路而結識首位科索沃朋友，也因而徹底改變我的旅程。十七歲的Mentor，正就讀最後一年高中，是位正直善良的男生。我們在公車上互相了解後，他主動提出帶領我四處遊覽，讓我更深入地了解本地人的視角。

首都的每一處，包括雕像、街名和大型海報等，都直白地道出科索沃的現代史，也是勝利者所書寫的歷史。我們在市中心的布殊大街（布希街），細說週日的悠閒與平日的繁忙，形成強烈對比。市中心行人區主要由三個廣場和大道連接，以不同年代的傑出阿裔人命名，分別是十五世紀的民族英雄斯坎德培[1]、德蘭修女和科索沃「國父」魯戈瓦[2]。Mentor對魯戈瓦讚譽有加，更把主張和平爭取獨立的他，形容為「科索沃甘地」。正正在以他命名的廣場內，魯戈

1 斯坎德培為十五世紀的領袖，以對抗鄂圖曼聞名，並因出色的軍事才能，被稱為「阿爾巴尼亞的亞歷山大大帝」，被現代視為阿爾巴尼亞民族覺醒的象徵。

2 魯戈瓦為學者和政客，主張和平獨立，自一九九二年起為科索沃實際總統，直至二〇〇六離世為止。

瓦大型海報的面前，卻是科索沃解放軍領袖札希爾・帕亞齊蒂[3]的雕像。也許科索沃人相信，全賴「和勇不分」及「國際線」的成功，才能走向今天的獨立。

我們從市中心走到普里什蒂納大學，順道參觀校園範圍內兩所頗具爭議的建築物。基督救世主大教堂外野草叢生，呈半廢墟狀態，明顯並非日常信眾禮拜之用。話說當年米洛舍維奇剝奪科索沃自治權，並推行大塞族主義政策，阿族師生被趕出校園的同時，更將大學的一片土地給予東正教會，作為興建本教堂之用。教堂自一九九二年動工，但因預算和戰爭等因素而未能峻工。獨立後，大學和東正教會就土地所有權，持續進行法律訴訟。阿族將之視為塞族民族主義的象徵，是高壓政策的遺害；塞族則認為阿族阻撓東正教會使用宗教場

在科索沃街頭可見「國父」魯戈瓦的大型海報。

3 札希爾・帕亞齊蒂是科索沃解放軍的首任指揮官，於一九九七年在與塞軍的戰鬥中陣亡，死後被封為英雄。

所，是對少數人口的迫害。相對而言，毗鄰的科索沃國家圖書館的所謂「爭議」，則輕鬆得多。Mentor 笑言，這個外觀奇特的圖書館可能是科索沃首次躋身世界頂尖之列，因為它曾被選為全球最醜陋建築的三甲之位。這座粗獷主義建築獨特，在白色牆身外加上密集的金屬外框，配以九十九個穹頂，讓室內可採用自然光，整體設計融合拜占庭和伊斯蘭的風格。然而，我和 Mentor 對望一眼，都覺得眼前只是一個巨大的牢籠。

親臨巴爾幹，時刻都感受到戰爭並不遙遠，科索沃也絕不例外。其中一個令人最深刻的女英雄紀念碑。紀念碑的主要材料是長短不一的金屬棒，其頂端則是相同的女性臉孔小徽章。藝術家以兩萬枝金屬棒，作高低上下的組合，形成一個大型的女性臉孔浮雕，以紀念在戰爭中慘遭強暴的兩萬名科索沃女性。遠方的戰爭在他者的認知中，往往變成含糊的概念、廣義的畫面或冷冷的數字，卻忘記每一張臉都是有血有肉的。戰火所帶來的破壞、傷害和影響，是我難以想像的。損毀的市容或許可以重建，但逝去的生命、重創的心靈，又如何可以挽回？

女英雄紀念碑的對面，是科索沃境內最著名的地標——新生紀念碑（NewBorn）。顧名思義，這是紀念科索沃獨立，作為世界上又一新生國家的地標。當年塞伊迪烏總統，在這金屬製的大字上，簽上第一個的署名，然後喜極的科索沃人民爭相仿效，都在「NewBorn」上留下自己的印記，象徵著一個時代的開始，見證一個國家的誕生。每年獨立日「NewBorn」都以全新形象示人，它曾被畫上雲彩和鐵絲網，曾展示承認其獨立的各國國旗，也曾於十周年時變奏為「New10rn」。然而，我最欣賞的並非官方的更新，而是來自民間的隨意塗鴉。塗鴉飛舞象徵著多元化的可能，年青活力帶領新生代邁向另一階段。「NewBorn」的表面被改變，其精神反而得以延續，真正為國家走出陰霾，重獲新生。

科索沃人用盡和平途徑，經歷生靈塗炭，終於在艱難中獨立。飽歷滄桑的科索沃民眾，如何看待新生國家？

上一代的心聲

在 Mentor 的建議下，我來到他的家裡作客。Mentor 一家都非常熱情好客，不住地給我熱茶和食物。Mentor 的父親講述南斯拉夫統治末期的種族政策，令阿族人淪為二等公民，忍受著同工不同酬等不公平對待。後來政權變本加厲，剝削個人自由，深入操控其生活，既有戒嚴令，甚至限制用膳時間，迫令他與家人分開等。南聯政府甚至從一九九一年開始，便殺害

我與 Mentor 一家交流對獨立的想法。

反對勢力的阿族學生。於戰爭開始前，他們的生活已是充滿恐怖和壓迫。Mentor 的母親也憶述戰爭的可怕，每天都聽到炮火轟炸或空襲警報，人心惶惶，朝不保夕。她以親戚鄰居的實例為證，那段日子拆散無數本地人的家庭。她表示生命中一度感到無望，而自己人生最美好的兩個時刻，就是長子出生以及北約軍入城，都讓她得力重生。我難以想像其中的痛苦，並無再作何追問。

他們表示：「社會普遍仍有心存對塞族的仇恨，但是更多人希望能夠寬恕。一切都已成過去，帶著憎恨只會令痛苦無了期地延續，我們想要面向未來，想要重新開始。」Mentor 母親表示這一生也不想再聽到槍聲，那一種非人的日子實在太可怕。他們說：「現在的生活很好，我們都自由了！」即使談論不堪回首的當年，他們的臉上也未見極度的沉重。這份樂觀也許是他們的特點，而且他們也真正的熬過難關，享受著前所未有的自由。

Mentor 的父母喜歡也感謝美國人，令我想起今天看到的美國總統克林頓像，還有國務卿奧爾布賴特（歐布萊特）像。美國與北約的介入也確實改變區內許多人的命運，它不僅從軍事阻止南聯的行動，也為科索沃以至巴爾幹撒下自由與民主的種子。從二等公民、壓迫生活、種族清洗、戰爭爆發，到現在的民主自由，短短二十年間，科索沃人民經歷時代的巨大變遷，他們對於生命似乎已有自己的啟發感悟。

足球與國家的命運共同體

Mentor 希望竭力協助我的寫作，除了帶我遊覽市內景點外，還帶我到訪首都球會FC普里什蒂納（普里斯提納足球俱樂部，F.C. Prishtina）的法蒂爾・沃柯里球場（舊稱：普里什蒂納市球場）。我雖然沒有機會訪問球會，但是在參觀的過程中，也能觀察到本地的足球狀況。雖說球場為國內最大球會和國家隊所用，但設施略嫌陳舊，面積也不大，僅有一邊為多層看台。Mentor 表示歷任市長都曾經許諾要興建新球場，但卻從未兌現。見微知著，科索沃足球發展的阻力似乎不小，我急不及待地想要了解更多。

我於到訪之前，曾兩度電郵聯絡科索沃足總（科索沃足球聯盟，簡稱

訪問科索沃足總。

ＦＦＫ），卻未見任何的回覆。我未言放棄，更索性登門造訪，被報以「明天請早」的回應（對方是認真的，並非打發我）。翌日早晨，我終於順利獲得足總祕書長接見，並完成詳細的訪談，可算是皇天不負有心人。

祕書長對我的作品主題與寫作動機深表認同，他表示「足球遠不止是運動，它更是歐洲人處事的方法。而科索沃足球的處境跟國家命運，更是緊密相連。」祕書長開始滔滔不絕地談論歷史，在已知的資訊與未知的真相夾雜下，他成為榕樹下口述歷史的老人。他道盡科索沃歷史的血跡斑斑，亦將之連繫到科索沃足球的現況與訴求。

科索沃足球最大的阻力是國際認可。多年來，因為獨立主權國家的爭議性，ＦＦＫ並未獲接納成為國際足協與歐洲足協的成員，使其國家隊不能參與任何大型國際賽事，甚至連舉辦國際友誼賽亦困難重重。在國際足協否決科索沃地位期間，科索國家隊只能不定期地進行友賽，其主要對手是阿爾巴尼亞，也曾和沙地阿拉伯（沙烏地阿拉伯）、土耳其等伊斯蘭教國家約戰。當下我便明白到科索沃雖有其國家隊，但民眾想要支持在國際舞台上起舞的「國家隊」，就只有阿爾巴尼亞。

而且，因為「國家地位特殊」和「不合法性」，即使科索沃球員轉戰國外聯賽，球會卻無法收取轉會費用，只能眼白白看著球員流失，不收分文，嚴重打擊科索沃足球發展與水平。這情況於二〇一〇年後有所改善，球員可獲國際轉會證明書而「合法」轉會，本地球會的利益終得到保障。然而，人才流失的情況仍然嚴重，許多外流球員都不願重回故土，更遑論代表不能比賽的國家隊了。科索沃面積雖小，卻不乏足球人才，但都因戰亂或國家隊的處境而紛紛代表其他國家。其中前馬賽隊長簡拿（卡納）曾為阿爾巴尼亞國家隊隊長，曾效力曼聯（曼徹斯特聯足球俱樂部）的贊奴沙（亞努扎伊）則選擇比利時，而內戰時接收大量難民的瑞士，更是本國球星重聚之地。瑞士國家隊中，阿仙奴（兵工廠足球俱樂部）中場沙加（扎卡）、前利物浦足球俱樂部鋒將沙基利（沙奇里）和浪跡西歐各大聯賽的中場比哈美（貝赫拉米）等，都是原籍科索沃的出色球員。

祕書長稱科索沃人都喜歡足球，但是本地足球發展阻力極大。「國家地位特殊」成為不可逾越的無形牆壁，令科索沃難以跟國際接軌，阻隔國家及足球的發展。本土足球從業者，無論是球員、領隊、教練以至球證，都無法接受國際頂級水平的培訓，也令科索沃的水平停滯不前。科索沃被部分國家抵制，並進行經濟封鎖，影響投資意願，水準也無從在國際交流間得到提升。科索沃足球欠缺經濟支持，也沒有國際的認同，只能苦苦等待。

問題的關鍵在於國際認同，但正正是糾結的核心，成為難解的死結。祕書長表示國際足協已展示立場，表示只要科索沃獲得國際廣泛認可，便能接納其作為成員之一。當然，這種「廣泛認可」亦是一種模糊的標準。可是，歐洲足協卻表示只能接受聯合國成員國作為其轄下一員。對於兩者標準不一，祕書長對此感失望，並認為前者的標準比較合理。訪問之時，科索沃已獲九十個國家支持，祕書長期望獲得一百二十國支持後，能夠推翻歐洲足協拒絕的藉口。

然而，要爭取更多國家承認科索沃的獨立身分，又談何容易？除了塞爾維亞堅決拒絕放棄科索沃主權外，多個國家也明確反對，包括西班牙、塞浦路斯（賽普勒斯）、希臘、羅馬尼亞、俄羅斯和中國等。各國反對的原因，主要為顧全自身利益，如西班牙憂慮國內分離主義，中國的藏獨與東突問題和大一統論述等，而俄羅斯既為斯拉夫民族的老大，時刻支持著宗教文化相近的塞爾維亞，同時也有其盤算和陰謀。當中尤以俄羅斯和中國，作為聯合國常任理事國成員，影響力巨大。在國際政治舞台上，各國皆盤算著自身的考慮，誰又會真正關心這一小片土地上的人民？

祕書長向我娓娓道出論點和理據。他表示ＦＦＫ自一九四八年成立始，一直主辦地區內的各級別足球聯賽，推動足球發展。他向我展示前南時期的聯賽制度和組織架構圖，證明ＦＦＫ以前南自治省足協的身分，跟其他成員國的足協並列，對等地作為南斯拉夫的屬會，也因而間接地作為國際足協與歐洲足協的一員。

ＦＦＫ不僅一直遵從國際足協的標準營運，持續配合其球例與修訂，更符合一切科索沃的法律與政治體制。而於一九九一年，科索沃因政治局勢緊張，球員安全受威脅為理由，ＦＦＫ開始舉辦科索沃境內的獨立聯賽，直到一九九八才因戰爭停辦，並於一九九九年戰後重開。現今南斯拉夫已不復存在，ＦＦＫ具有如同其他成員國足協的合理性與合法性，理應同樣地獲得認同和接納，不應因政治理由而被拒諸門外。

然而，現實並非辯論，無論你提出甚麼論點論據，最關鍵的往往不是道理，而是利益和力量。即使獲得美國、北約和部分伊斯蘭國家的支持，科索沃及其足球都是前路崎嶇的。祕書長憤慨地控訴：「明明是塞族人挑起戰爭，犯下無數的殺戮，但受害的卻都是科索沃人民。科索沃連國際電話的編碼[4]也未能擁有，民眾也不能自由出入境，我們仍沒有全然的自由。」

[4] 科索沃於二〇一七年，終於獲得「＋３８３」的國際電話編碼

「在足球發展上，兄弟邦阿爾巴尼亞可以幫忙嗎？」我嘗試把話題回歸足球。祕書長淡然地說：「他們可以提供更多的協助，但是他們卻沒有。」他補充說：「科索沃的確有很多阿族人口，但是我們不想合併，我們仍有其他的種族，我們只想作科索沃。」最後，他強調著人民會面對過去，但既往不咎，對於塞爾維亞或反對其獨立的國家亦然，他們只想面向未來。對於足運發展，他展望不久的將來可以有所改變。他的一番說話，延續我對科索沃人「積極樂觀、讓生命前進」的印象。

足球，是國際認同的象徵，也是和平生活的映照。漫長衝突過後，科索沃終在和平路上再起步。獨立後的路仍然艱巨，戰爭後出生的新生代將於未來肩負自己的命運。等待他們的，又是甚麼挑戰？

艱險奮進．困乏多情

離開前，Mentor 介紹我認識他的一群好友。我驚訝他們於平日下午可以抽空，原來他的校舍為高中與初中兼用，但因為設施不敷所需，只好安排分開上下午上課。

我們在咖啡室會合，大家都非常友善。他們態度開放、笑容親切，而且沒有咄咄逼人的好奇，讓我輕易地融入其中。對於「如何看待國家和個人的未來」這種深入的話題，他們不僅沒有抗拒，還反應熱烈。相對於其父輩親歷國家變遷，他們作為年輕的「九〇後」，較少過去的包袱，反倒能從傷痕中看到樂觀與希望。

根據他們所述，科索沃有近半的人口是十六至二十三歲[5]，是非常年輕的國家。這樣的人口結構帶來活力、青春與動力，但同時也衍生一定的問題。他們表示科索沃雖然大學林立，卻無法提供最好的高等教育，國內大學水平明顯遜於歐洲其他地區，認受性亦不足。雖然因戰後重建而得到國際援助，但整體經濟發展始終緩慢，年輕人完成高等教育後，無法銜接對應的工作機會。他們笑言：「許多人完成學士或碩士學位後，都找不到所屬專業的工作，還好首都咖啡館林立，為不少人提供侍應的工作。」科索沃立國而來，失業率持續高升，尤以青年失業率更為嚴重。[6]

「國家地位特殊」這道由經濟、政治和國際關係等多方面構築而成的牆壁，令科索沃荊棘滿途。年輕人都喜愛自己的土地，但為了教育和工作機會，往往只能往外闖。多年來，國家經濟也高度依賴僑民或海外工作者的匯款支撐。可是，這又引伸到出入境的難題，由於國家欠缺一致認受性，國民有極大的出入境限制。友人說：「我們只能自由出入阿爾巴尼亞、黑山、馬其頓和土耳其。是的，還有塞爾維亞，但我們不會想去！」國民要入境其他的國家，需要繁複且困難的申請過程，而且如非有親人居於外國，要跨越國境幾近不可能。

「縱是如此，我們仍然生活得很快樂，因為我們享有自由！」科索沃的生命再一次強調得來不易的自由。縱然煙硝尚未全然散去，但因著自由的可貴，這個國家滿懷希望。年輕人在大

---

5 根據聯合國人口統計數據，科索沃於二〇二一年的人均年齡約為三十・九歲，二十四歲或以下人口占總人口的百分之四十一・九，是全球最年輕人口的國家之一。

6 根據世界銀行數據，二〇二〇年科索沃的失業率為百分之二十五・五，青年失業率更高達百分之四十八・八。

街小巷的咖啡室聊天相聚，沒有頹廢的無聊，卻盡顯生活的寫意，也是和平穩定的象徵。他們的心中都有夢，有理想，有追尋。

「夢想」成為我們交心的主題，他們跟我分享對未來的想像，不論是對音樂的熱誠，對知識的渴求，對社會貢獻的壯志，或是對生活幸福的期盼，都展現出靈魂深處的生命力。國內的咖啡室與餐廳的工作無法滿足他們，他們想要飛得更高更遠。即使滿有困難，他們仍能抱持樂觀，堅持夢想。

友人們對我的旅程心生羨慕，其中一位更邀請我接受本地電視台訪問，詳細分享我的旅程和初心。旅程或寫作都不過是種形式，我想要以此傳遞愛，想要尋求在生命中更多貢獻的可能。我不過是有幸生於自由的土地，並無過人之處，但仍希望以自身的旅程作鼓勵，鼓勵他們以自己的方式綻放光芒。他們也以真摯的心，激勵我繼續追尋人生的美善。套用他們形容科索沃的一句話：「我們都在夢中，我們創造了自己的夢。（We are in dream, we make the dream.）」我感恩在科索沃的一切經歷與緣分，這是能夠改變我人生的國家之一。

「Forgive and forget.」從寬恕中原諒對方，也從仇恨裡釋放自己。對比艱難的昨天，今朝與明日都值得感恩與珍惜。唾棄紛爭和戰火，享受自由與和平。在「New Born」的國度，我學到最大的寬恕與重新上路的勇氣。

補充更新：

二〇一四年，科索沃成功加入國際奧委會，終於在國際體育場上打破僵局。二〇一六年，科索沃足總先後在歐洲足協和國際足協的大會投票中，成功取得成員資格，得以踏足世界舞台。

科索沃獨立後，積極加入國際組織，但在部分國家的反對下，尚未能正式加入歐盟。科索沃雖未能成為聯合國成員，但已累積逾一百一十個國家承認。（截至二〇二三年）

科索沃與塞爾維亞關係一度緩和，並曾於二〇一三年簽署訂《布魯塞爾協定》（布魯塞爾協議），朝關係正常化推進。唯於二〇二二年，境內「車牌風波」激發兩國關係再次升溫，戰爭陰霾尚未散去。

位於阿爾巴尼亞的「千窗之城」培拉特（Berat）。

美國的克林頓總統在
科索沃備受尊重。

譯名表

香港譯名	台灣譯名	外文	外文暱稱／縮寫
北大西洋公約組織	北大西洋公約組織	North Atlantic Treaty Organization	NATO
阿爾巴尼亞	阿爾巴尼亞	Republika e Shqipërisë / Albania	
伊斯蘭	伊斯蘭	Islam	
地拉那	地拉那	Tirana	
KF地拉那	地拉那足球俱樂部	Klubi i Futbollit Tirana	KF Tirana
-	塞爾曼・斯特馬西體育場	Selman Stërmasi Stadium	
法國	法國	France	
科索沃解放軍	科索沃解放軍	Ushtria Çlirimtare e Kosovës	UÇK
北約維和部隊	北約駐科索沃維和部隊	Kosovo Force	KFOR
普里什蒂納	普利斯提納	Prishtina	
布殊大街	布希街	George Bush Street	
斯坎德培	斯坎德培	Gjergj Kastrioti Skënderbe / Skanderbeg, 1405-1468	
魯戈瓦	易卜拉欣・魯戈瓦	Ibrahim Rugova, 1944-2006	
甘地	甘地	Mahatma Gandhi, 1869-1948	
-	札希爾・帕亞齊蒂	Zahir Pajaziti, 1962-1997	
女英雄紀念碑	女英雄紀念碑	Heroinat Memorial	
新生紀念碑	新生紀念碑	Monumenti i Newborn	NEWBORN
塞伊迪烏	法特米爾・塞伊迪烏	Fatmir Sejdiu, 1951-	
克林頓	比爾・柯林頓	Bill Clinton, 1946-	
奧爾布賴特	馬德琳・歐布萊特	Madeleine Albright, 1937-2022	
FC普里什蒂納	普里斯提納足球俱樂部	Football Club Prishtina	F.C. Prishtina

香港譯名	台灣譯名	外文	外文暱稱／縮寫
法蒂爾・沃柯里球場	法蒂爾・沃柯里球場	Stadiumi i qytetit të Prishtinës	
科索沃足總	科索沃足球聯盟	Football Federation of Kosovo	FFK
沙地阿拉伯	沙烏地阿拉伯	Saudi Arabia	
土耳其	土耳其	Turkey	
馬賽	馬賽	Marseille	
簡拿	洛里克・卡納	Lorik Cana, 1983	
曼聯	曼徹斯特聯足球俱樂部	Manchester United	
贊奴沙	阿德南・亞努扎伊	Adnan Januzaj, 1995-	
比利時	比利時	Belgium	
瑞士	瑞士	Switzerland	
阿仙奴	兵工廠足球俱樂部	Arsenal	
沙加	格蘭尼特・扎卡	Granit Xhaka, 1992-	
利物浦	利物浦足球俱樂部	Liverpool Football Club	Liverpool FC
沙基利	傑爾丹・沙奇里	Xherdan Shaqiri, 1991-	
比哈美	瓦隆・貝赫拉米	Valon Behrami, 1985-	
塞浦路斯	賽普勒斯	Cyprus	
布魯塞爾協定	布魯塞爾協議	*Brussels Agreement*, 2013	

第三章　暗裡有光：波斯尼亞

戰火圍城——薩拉熱窩／

戰火漫天，足球還算甚麼？

環繞地球，遊歷世界，總有地方教人刻骨銘心，有種難以言語的情感連繫，有其獨一無二的意義。於我而言，這個走進生命，影響人生的地方，便是我最愛的東歐城市——薩拉熱窩（塞拉耶佛）。

薩拉熱窩，似乎是註定浪漫而淒美。即使離開多年，她仍在我的心坎，每條走過的街道，至今我仍都記得。我在這個城市遇上「她」，而「她」讓我愛上這個城市。

從貝爾格萊德通往薩拉熱窩的火車上，我邂逅旅程中的靈魂伴侶——Hanifa。她因為擔心乘務員對我藉詞刁難苛索，便主動向我伸出援手，我們很自然地傾談起來。隨著其他乘客在中途站下車，我們坐近了，也走近了。數小時的車程內，車廂由輕鬆愜意的個人空間，化成兩顆心靈交流的場所。

到達薩拉熱窩後，我們都不打算就此告別。她說：「我想給你看一個地方，要不要相約黃昏見？」她帶我由小路經過墓園，走到位於小山丘的黃堡。夕陽在遠方徐徐落下，餘暉映照山谷中的狹長古城，四面的山坡豎立無數白色墓碑，整個城市都在靜默之中。宣禮塔的禮拜聲打破沉默，在山下招搖地向我揮手。離清真寺不遠，東正教堂的「洋蔥頭」拱頂在探頭探腦，毗鄰的天主教堂十字架則靜觀其變。我拚命抓住落日，晚霞如血般格外鮮紅，直到夜幕籠罩大地，微弱燈光始被逐一點起。我徹底被薩拉熱窩迷住，她真的很美，也很淒美。

Hanifa於黑夜前，向我指出被空襲炸毀的圖書館的遺址。她痛心戰火不僅奪去幾代人的生命與幸福，連人類歷史承傳的寶物也都無情摧毀。她分享年幼和成長時的戰爭經歷，包括親眼看見鄰居被殺的可怕回憶。我無法想像那種傷痛和驚悚，甚至無法直視她。她沒有眼淚，或者早已流乾。她沒有懷著仇恨，但也不可能忘卻。寫作是她的動力，也是她的療程。雖然文稿尚未完成，但她對作品封面已有初步構思。她向我展示「三條平衡線」，象徵著波斯尼亞境內各族之間的關係和故事。「三條平衡線」是她的想像，或是她的願景。我知道這三條線曾經交雜，曾經相連，甚至曾經編織過一場美夢。這三條線，是薩拉熱窩的故事。

薩拉熱窩與圍城戰

薩拉熱窩是波斯尼亞和黑塞哥維那（簡稱波黑，外文縮寫為BiH）的首都，其近代發展可追溯至十五世紀。在鄂圖曼和奧匈帝國先後統治下，她成為以文化匯聚聞名的重要城市。鄂圖曼帶來伊斯蘭教，也讓被逐出西班牙的猶太人安置在此，使其宗教和種族更趨多元。奧匈帝國則帶領本市走向工業化和現代化，許多中歐風格的建築也紛紛落成。今天古城區內更設有一處地標，名為「東西文化交匯線」，雖略嫌造作，但仍可側見本市的定位和自豪之處。

薩拉熱窩位於歐洲要衝，數百年來屢受戰亂之苦，更是一戰的爆發點所在。十九世紀末，民族主義運動興起，加上鄂圖曼日漸衰落和列強干預，歐洲的勢力版圖逐步改變。一九〇八年，奧匈帝國正式宣布吞併波黑，引發第一次巴爾幹危機，雖以外交手段解決，卻埋下戰爭的伏線。終於，塞爾維亞民族主義者在拉丁橋刺殺費迪南大公（斐迪南大公），引爆第一次世界大戰。

於一戰後，波黑成為南斯拉夫王國的一部分，薩拉熱窩的發展也較穩定。直至二戰時期，波黑為軸心國所占，且受右翼政權烏斯塔沙所蹂躪，許多猶太人和塞族遇害。共產南斯拉夫立國後，薩拉熱窩迎來數十年的和平歲月，一九八四年主辦的冬季奧運會，更可說是本市現代史上的高峰。

儘管大部分前南斯拉夫新獨立國家的成員國都有各族混居的情況，但以程度而言則數波黑為最。波黑境內並無單一的主流民族，多年來，信奉伊斯蘭教的穆斯林、天主教的克羅地亞族和東正教的塞爾維亞族普遍和平共存，各族之間通婚、毗鄰和共仕等，為理所當然的日常生活。那是波黑三條線樂於交織的美好時代。

可惜，隨著前南瓦解，和諧歲月竟一夜消散。當斯洛文尼亞、克羅地亞和北馬其頓先後宣布獨立之際，波黑也萌生去意。然而，波黑境內的各族，在去留問題上南轅北轍，穆斯林和克族傾向獨立，塞族則堅持留在聯邦，並無達成共識的可能。終於，公投在塞族人集體杯葛下進行，波黑議會根據逾九成贊成的結果，於一九九二年三月三日正式獨立。境內塞族人遂自組塞族共和國，並從南斯拉夫聯邦一方得到壓倒性的武器和軍備。自宣布獨立後，波黑的地位迅速得到歐美大國的認可，內戰亦隨即全面升級。塞族軍隊在南斯拉夫人民軍的支援下炮轟和圍堵薩拉熱窩，對城市進行全面封鎖。戰爭期間，薩拉熱窩居民在欠缺電力、能源和食物等惡劣環境下頑抗，活在空襲與狙擊的威脅之中。雙方輾轉拉鋸數年，直到聯合國和北約軍事介入，各方停火並議和後，歷時一千四百二十五天的圍城才正式結束，為現代史上歷時最長的圍城戰。

球場成為戰場

接近四年的圍城戰，改變所有人的命運，也成為持續淌血的傷口。每個經歷戰爭的波黑人，都有他要訴說的故事。不論是圖書館、市集、山坡、酒店或橋梁，戰爭痕跡無處不在，足球也不例外。兩家同城的著名球會，分別訴說其戰爭故事，讓我看到大歷史以外的維度。

我從古城區來到薛謝斯歷卡（塞拉耶佛澤列茲尼察足球俱樂部，FK Željezničar）的主場格爾巴維察體育場。球場前方是主要道路的T字路口，加上設有小型超市和商鋪，遠看像灰暗的大型混凝土商場。球場的外觀甚為破落，照明燈柱上的鐵鏽明顯。我走近西看台的外圍，附近畫滿以藍色為主調的壁畫，將球會名稱、成立年分和球迷組織之名等資訊呈現[1]。球場外牆有一處大缺口，既能看見木製看台的結構，也讓我一窺球場的歷史。

球場始建於五十年代初，在興建過程中得力於社會各界人士的致力參與。許多志願者每逢晚上和週日，都親身以簡單工具協助運送材料和鋪平地面。格爾巴維察體育場的建成，可謂軍

[1] Željezničar就是「鐵路工人」的意思。球會於一九二一年由一群鐵路工人成立，其球迷組織名為「Manijaci」，有「瘋子」之意，成立於一九八七年。

政民各方共同努力的成果根據資料所載，倚坡而建的南看台後方，曾經建有鐵路，當火車經過球場時，不時會減速並鳴笛示意。即使後來球場經歷改建和現代化工程，但會方仍致力在西看台保留當年的木製看台，並跟山坡旁的南看台，成為本球場的特色。隨著薛謝斯歷卡在前南時期的進步，加上所在地格爾巴維察區的發展，這家擁抱多元族群意識的球會得以吸引更多該區的混居人口支持，而球場既成為各族和諧生活時期的象徵，也是共同回憶和情感連結的載體。

格爾巴維察體育場的戰爭故事，也是當時社會的投射。於風雲變色的一九九二年四月五日，薛謝斯歷卡原定主場進行一場頂級聯賽，對手是來自貝爾格萊德的拉德足球俱樂部（FK Rad）。然而，此時波黑境內已有族群間的零星戰鬥和動員，薩拉熱窩亦是戰雲密布。正如主隊領隊所言「在槍炮聲此起彼落的情況下，所有球員都難以安枕，充滿徬徨和恐懼，無人再在意球賽的事。這種時候，誰還需要足球？」

雖然如此，賽前卻仍有千五名球迷在球場聚集。即使克羅地亞戰爭已經開打，許多人仍然不相信波黑會爆發戰爭，因為一直以來大家都是和平共處。正如一九九二年四月離開，前往貝爾格萊德的主隊前鋒古塔爾所述：「兩年前，我仍不知道『民族』這個詞彙。我是塞族人，但直到昨日之前，都從沒有人問及這種問題。我怎麼可能忘記我的童年、青春和友誼？我跟我（克族和穆斯林）的朋友一直共處，怎麼可能站在彼此的對立面？」

無論是備戰的球隊或到場的球迷，初時仍不知道，戰爭正在球場的上方爆發。當天塞族武裝分子襲擊位處南看台山坡上方的警察學院，雙方爆發槍戰，球賽取消，球隊在槍林彈雨下倉皇逃往球場地牢。自此，格爾巴維察體育場深陷戰火之中，更成為雙方交戰的最前線。根據海牙法庭（國際刑事法院）供詞和聯合國報告，格爾巴維察體育場在戰爭時期，多為塞軍所占，包括配置機關槍和狙擊手，亦在附近範圍埋下地雷。曾經的共同家園被戰火摧毀；過去的集體回憶為傷害取代，球場淪陷寫下波黑戰爭故事的第一回。

魂斷橋梁的亡靈

薩拉熱窩建在環山的盆地內，妙哈卡河（米里雅茨河）在山谷中央流動，貫穿整個城市。河上建有不同年代的橋梁，包括始建於鄂圖曼時代的舍赫切哈橋和現代美術設計的費斯蒂納蘭特橋，當然還有費迪南大公遇刺的拉丁橋。我從球場出發，沿著河畔，來到不足兩公里外的弗爾巴尼亞橋。相比之下，它的外觀毫不起眼，但卻是本市最為人知的其中一條橋。

就在薛謝斯歷卡的球賽被取消的當天，十萬群眾在市內舉行和平集會。和平示威由約四十名學生發起，竟於一天之內，化作首都五分之一人口自發參與的大遊行。來自各族的平民高呼和平口號，並要求將波黑推向戰爭邊緣的政客們全體下台。然而，和平示威者卻在Vrbanja橋遭到塞族狙擊手襲擊，身處最前排的穆斯林女生蘇阿達・迪爾貝羅維奇和克族女生奧爾加・蘇契奇不幸被殺。民族主義者以殺害平民作回應，和平宣布無望。早有準備的塞軍於當晚迅即占領機場，並於翌日完成包圍。

小橋南岸的樓宇外牆仍舊滿布炮彈孔，而小橋則已易名為「蘇阿達與奧爾加橋」，小橋中央豎立著一塊插著鮮花的銘碑，記下這兩名首批犧牲者的名字，並寫有「Kap moje krvi poteče i

Bosna ne presuši」，大意是「我流下一滴血，教波斯尼亞不致乾涸」。我看著銘碑，久久不能言語。一對老邁的夫婦在旁擁抱，老公公安慰老婆婆，太陽眼鏡遮擋通紅雙眼，卻蓋不住臉上的黯然神傷。

在薩拉熱窩圍城戰中，盤據高處和大樓的塞軍，對平民百姓進行無差別攻擊，無辜的生命或血濺街頭，或魂斷橋梁。其中，著名的戰時酒店假日酒店（假日飯店）外的主要街道，更有「狙擊手大道」的惡名。來自世界各地的傳媒和戰地記者，則冒著生命危險，報導圍城內的殘酷現實。

一九九三年五月，一對年輕情侶成為弗爾巴尼亞橋又一槍下亡魂。兩人的悲劇獲傳媒廣泛報導，並製作成紀錄片《薩拉熱窩的羅密歐與茱麗葉》。遇難的塞族男生鮑斯高・布傑和穆斯林埃美亞・伊斯美相戀多年，戰火中仍患難與共，終因種族危機惡化而決定離開。他們在勢力人士安排下，計劃在協議暫時停火的時刻通過弗爾巴尼亞橋，前往塞族勢力範圍並逃離危城。然而，當兩人甫踏足橋面，隨即中槍倒地。鮑斯高即時身亡，傷重的埃美亞用盡最後一口氣，爬到愛郎身邊，在彼此的懷抱中離世，直至死亡一刻都不願分離。可憐兩人橫屍在無人區數天，而塞軍和波軍在事後則互相指責，至今無人確定子彈由哪方所射。

這個真實的慘劇，記載一對年僅二十五歲的情侶，如何跨越種族、宗教、政治紛爭與戰爭，到最後仍堅持至死不渝的愛情。於圍城戰已逾一年的困難時刻，透過傳媒的報導，成功引起國際輿論，雖未能及時令戰火停止，但起碼讓薩拉熱窩的苦難不至被世人遺忘。

兩人於戰後安葬的獅子墓園，就在科舍沃區的冬奧場館對面。我在密密麻麻的墓碑中，尋找兩人合葬的墓地。心形墓碑上刻劃著兩人的合照，也有不少有心人奉上鮮花。即使我沒有宗教信仰，也下跪禱告，祝願他們以及身旁的所有死難者得以安息。

在蘇阿達與奧爾加橋上憑弔的老公公與老婆婆。

終獲合葬的「薩拉熱窩的羅密歐與茱麗葉」。

薩拉熱窩的墓園讓人難以承受，卻又不可逃避。每個到訪的人都必然被無處不在的墓園、密集的墓碑、集中於數年的離世年分所震撼。兩人的悲劇提醒世人波黑戰爭的性質，就如埃美亞父親所言：「此事證明這不是塞族與穆斯林之間的戰爭，而是瘋子與怪物之間的戰爭。」

足球作國家大使

獅子墓園的所在地，曾經建有足球訓練場，今天卻已布滿白色大理石石柱和大小不一的十字架。從內往外看，卻見空洞的球場成為數千個墓碑的背景，畫面甚為詭異。我徒步到科舍沃市立體育場，這是本市另一大球會FK薩拉熱窩（塞拉耶佛足球俱樂部，FK Sarajevo）和國家隊的主場。

我找不到訪問對象，只好自行參觀，但冷清的球場與疏落的塗鴉，都無法引起我注意，只有球場外的紀念碑讓我駐足。紀念碑由一高一矮的石碑組成，中間夾著一顆石製足球，石碑刻上「獻給球會的烈士、戰士和平民球迷——波黑戰爭的受害者」的文字。這是前南境內的球會常見的戰爭紀念碑，但FK薩拉熱窩於戰爭期間的行動卻是獨一無二的。

一九九三年初，FK薩拉熱窩毅然出走，計劃展開為期約十二個月的世界巡迴。在領隊蒙素洛域率領下，球會化身波黑的親善大使，進行一系列人道主義友誼賽，為戰爭孤兒及退伍軍人籌款。球會先後到訪克羅地亞、土耳其、沙地阿拉伯、馬來西亞、伊朗、意大利和德國等共十七個歐亞國家，進行共五十四場比賽。除球賽之外，球會還藉舉辦記者招待會、參觀大學和宗教場所等形式，在各國轉述波黑的真實慘況和戰事的荒謬，藉以請求國際關注和外間支援。巡迴期間，球會曾在梵蒂岡獲教宗若望保祿二世接見，也得到時任伊朗總統拉夫桑賈尼（拉夫桑雅尼）的支持和鼓勵。球會上下相信，他們能藉此發揮影響力，這是他們為國家而戰的方式。

然而，在重重圍困之下，如何得以「毅然出走」呢？在《*Behind The Curtain: Travels In Eastern European Football*》（2006）一書中，作者描述職球員冒死離開的過程。他們為衝向聯合國維和部隊控制的機場，必須曝露在狙擊手的眼前，只能作出長達兩百碼的「黑夜死亡疾走」，稍慢半步便一命嗚呼。離開薩拉熱窩後，他們仍需避開塞軍視線，曾於晚上橫越鋪雪的山嶺，甚至躲進凍肉運輸車內，輾轉始抵達克羅地亞的斯普利特。

逃出國境只是這趟冒死巡迴的開端，在「出使」各國的日子裡，職球員需忍受與家人摯愛別離之苦。即使自身安全無虞，但親友仍活在危城中音訊全無。擔心生離變成死別的壓力，令人苦不堪言。雖然有人藉機逃離，或乘勢轉投國外球會，但仍不減此行的意義。一年之後，球會結束巡迴，重回圍城。他們以對戰當地聯合國維和部隊的友賽，作為科舍沃市立體育場近兩年間的首場賽事。

活在地獄中

ＦＫ薩拉熱窩的巡迴成為備受歌頌的傳奇，但「黑夜死亡疾走」的逃離方式存活率甚低。漫長的圍城戰遠超各界想像，讓城內饑寒交迫的人陷入崩潰。

塞軍漫山遍野地圍困首都，環形包圍網的唯一缺口，就是聯合國控制的機場，機場以南則是連接波軍的自由地。唯礙於協議所限，機場範圍屬於絕對封鎖線，任何人等不得經過。波軍遂於一九九三年開始挖掘地道，從圍城內的多布林亞區，穿過機場地底，到達波軍控制範圍內的布特米爾區。歷經四個月，每天二十四小時不停地挖掘，終於建成這條約八百公尺長、一公尺寬和一・六公尺高的祕密地道。DB地道成為薩拉熱窩的「希望地道」，使食物、燃料、武器和所需物資，得以運進城內，也讓城內的人終有安全離開的可能。

當時地道的布特米爾區出口，隱藏在科拉家族的房子內，並由波

在地道博物館想像圍城時的困境。

軍守護。在科拉家族竭力保護下，房子成為地道博物館。博物館外牆布滿炮彈孔，但它不僅在炮火中倖存，還成功堅守地道所在的祕密。博物館內保存了經修復的一小段原有地道，讓我得以略為感受。我彎腰走過這段僅約二十公尺的地道，仍難以想像當時的困難。當時地道內空氣稀少，漆黑一片，偶爾地下水或水淹及膝，加上「單線雙程」的狹窄環境，動輒需要半至數小時不等才能抵達。當然，再惡劣的環境都比被殺危機好得多，因而每天平均有上千人次的往來。而且地道亦持續進行改善，如增添小型鐵軌、連接電纜等，有效地提供物資和能源，成為百姓於圍城戰中存活的關鍵。

地道博物館除了播放戰爭和地道相關紀錄片，也展示當年挖掘地道的簡陋工具、炮彈空殼和戰時物資等。綜合地圖、相片和展品，還有諸如以用鐵軌運送傷員等模型，我明白地道如何打破困境，以及它在實際和心靈上的重要性。

多年來，科拉家族以私人名義維護地道博物館，只求歷史不會被遺忘。民間的堅持守護了共同回憶，也將其不滅的勇氣和智慧傳遞。我住進有心人開辦的戰爭旅館，進一步探索戰爭的可怕。戰爭旅館開宗明義地以戰爭為主題，它並非一般的旅舍，而是一段歷程。

我按下旅舍的門鈴，一名身穿防彈衣、頭戴維和部隊頭盔的男子出現。他領我到由沙包組成的接待處，為我登記入住，並解釋旅舍規則與理念。我初時頗感錯愕，但很快便明白他不是Cosplayer（角色扮演者），這裡也不是主題樂園。

旅舍主人綽號「01」，取自他父親的戰時代號。他的父親曾為波軍士兵，一家在圍城期間倖存，近年將歷經戰火的居所改建為旅舍。01把我帶到多人房，我的「床位」就只有薄薄的海棉床褥和毛毯，那是來自戰時的人道主義物資。薄床褥旁是一個軍用工具箱，讓我鎖上貴重物品。薄床褥之間的密集程度尚可接受，但沒有遮隔，毫無隱私。

這裡與享受和奢華拉不上關係，也正是旅舍的理念。這裡貼滿戰爭時的報章、海報和照片，牆壁有仿製的子彈孔，軍服、彈殼、仿製槍械和戰時日用品等收藏豐富得堪比小型博物館。它甚至超越一般博物館，會定時模擬斷電，也長時間播放空襲和槍炮聲。他以實物向我解講，當年如何以僅有的人道物資作食糧。我在昏暗燭光下勉強洗澡，也在防空洞內看戰時紀錄片。01希望藉體驗啟發旅人對戰爭生活的想像，從而更深入明白戰爭和思考生

以反思戰爭為主題的住宿。

命。當然，即使因模擬槍炮聲而徹夜難眠，旅客因為安全無虞，始終不可能觸及戰時朝不保夕的恐懼和憂心，但它至少開啟了一扇門，讓人一窺當年的地獄。

其後，我參加旅舍的「戰場前線團」，由01的父親（真01）親作嚮導，帶領我視察當年的戰爭最前線。在「真01」帶領下，我來到特雷貝維奇山一帶。這裡是當年塞軍占據薩拉熱窩四周的群山之一。從這裡可以遠眺首都的大部分範圍，古城區和科舍沃區等盡收眼底。這或是旅客欣賞地貌和人文結合的最佳觀景點，但當年卻是狙擊和炮火的來源。我使用相機聚焦功能，也足以清晰看到圖書館門外的汽車、黃堡牆上遊人的衣著、甚至遠至科舍沃市立體育場的看台，令人不寒而慄。

我隨「真01」在山區內遊走，他指出當年掩體或戰壕的位置，並解釋細節。掩體大多就地取材，如在倒下的樹幹後挖洞，加些木材和布料等，便成藏身之所。掩體通常每隔數十公尺一個，連成一簡單戰線。他們在伏兵位置可能數小時也不能移動，甚至連轉換姿勢，都擔心被發現。他在部分掩體中找到一些生鏽的食物罐、炮彈殼和子彈碎片等，真實卻仍難以想像。

當年的南斯拉夫人民軍，堪稱全球最強的軍隊之一，而塞軍從中接掌大量先進武器，使其占據絕對優勢。「真01」在某個山坡指出一處隱藏位置，表示曾有約五十人的部隊在此全軍覆沒。一個月後，波軍到此，希望收回屍首下葬，卻只找到碎肉和殘肢，相信是在塞軍強大火力下死無全屍。他詳細形容當時塞軍使用的重型武器和機槍等，令我深切感受到波軍在強弱懸殊的劣勢下，既無力，卻也堅毅。

山區範圍內仍有不少「小心地雷」的警告牌。雖然近年已進行大規模清雷，但無人能保證徹底安全。正當「真01」講解期間，突然傳來爆炸聲和震盪。「嘩！」嚇得我大叫。他說：「相信是流浪狗或狐狸誤中地雷吧。」說畢他又繼續講解，但我卻仍然震撼。「真01」笑說，因為波軍資源缺乏，甚至會到敵陣尋找地雷，搬到自己的雷區。這種荒謬得像笑話的事，就是戰爭的可怕。

我們來到廢棄的雪車賽道，這個曾經備受好評的冬奧場館，猶如從山上到山下的超長滑梯，今天看來卻像遊戲裡的場景。短短數年間，由歡迎各國友誼的勝地，變成爆發同市內鬥的戰場。今天的雪車賽道噴滿塗鴉，也是青年流連的祕密場所，但彈孔仍清晰可見。我可以想像在這裡玩捉迷藏的樂趣，但如果是槍林彈雨的「死亡捉迷藏」便是另一回事了。

離開山區戰場之後，我們來到市內的巷戰前線——Nedžarići區和Alipašino polje區一帶。此一帶曾受到嚴重破壞，直到多年後，許多建築物的外牆仍滿布炮火和子彈痕跡，人們則仍舊住在這些大廈內。一九九四年初，幾名孩子在Alipašino polje區街頭死於塞軍的迫擊砲之下。正正是冬奧的十年後，玩雪橇的孩子竟被無情殺害，多麼諷刺。我們沒有刻意地尋找「薩拉熱窩玫瑰」[2]，炮火的證據已是無處不在。

就在拉頓廣場酒店對面，是在戰爭痕跡中堪稱傳奇的Dom Penzionera建築群。Dom Penzionera是「退休之家」的意思，是由建築師Mladen Gvozden設計的後現代主義建築，本用作

[2] 戰爭過後，人們在迫擊炮於地面留下的痕跡塗上紅色樹脂，作為一種戰爭紀念。因其顏色和形狀，被稱為「薩拉熱窩玫瑰」。全市有大約兩百朵「薩拉熱窩玫瑰」，標示出戰爭期間至少有三人喪命之地。

長者療養院。即使以現時標準，其建築風格仍是十分大膽，可見當年南斯拉夫的前衛。然而，我這評價卻欠缺說服力，畢竟我只能以當年的相片為據，眼前卻是面目全非的廢墟。建築群主要分為七層高大廈和一些兩層高的排屋式平房，整體皆色彩繽紛，猶如主體樂園。可惜，原定的創新大型長者社區計劃從未實現，Dom Penzionera建成於一九九二年，未及使用之前，戰爭便已爆發。聯合國維和部隊一度在這裡進駐，並稱為之「彩虹酒店」，卻於數月內不敵敗走。到收復之時，此處已被徹底破壞。

眼前的高樓幕牆早已盡數脫落，房間與樓梯的結構都已然外露，排屋式平房的屋頂全毀，屋與屋之間長滿樹木，氣氛詭異。植物和塗鴉吞噬建築群，而原有的色彩與現時的頹敗，則成強烈對比。數之不盡的彈孔，記錄多場激烈戰鬥。「真01」帶我進入建築群內部，地面全是瓦礫和垃圾，撲鼻的酸臭味，還有無以名狀的不安感，

在戰爭中頓成廢墟的Dom Penzionera。

令人不欲久留。這裡簡直是恐怖片的場景，或是遊戲世界的鬼屋。當「真01」講解當年槍戰時，亡靈更是彷彿隨時出現。

兒童和老人，在戰爭中的苦難顯而易見。而這場不義之戰，更是改變所有人的命運。縱然無法改變過去的痛苦，但是能夠賦予新生的意義。「真01」表示，「戰爭之中沒有贏家」，無論輸贏，所有人都受苦。戰爭令他們更懂得珍惜，每次回家見到家人仍然健在，便已感恩。正如許多波黑人一樣，他們希望藉薩拉熱窩的犧牲和悲痛，傳遞清晰的訊息，並為世界帶來改變。

地獄中的希望

「Welcome to hell!」戰地攝影師史多達特記錄戰時牆上塗鴉的著名相片，言簡意賅地道出薩拉熱窩的故事。圍城者為散布恐怖，不斷殺害平民，企圖以絕望瓦解整個城市。本市平均每天錄得逾三百次炮轟，更曾寫下一天被炸三千七百七十七枚炮彈的紀錄。

然而，攝影師並非只欲表達「地獄的絕望」，反倒是驚嘆不屈的精神。在「狙擊手之巷」的這張照片背後，有昂首挺胸的壯男，有毅然疾走的女人、有牽手突破的情侶，也有跣足狂奔的親子，為了食水或物資，他們只能每天活在狙擊或炮火的威脅下，但他們為的不止是生存，更是自由的正常生活。

「面對強大的敵人，看不見盡頭的無力，該如何是好？」直到今天，我仍在思考這個問題。足球，於圍城戰時的薩拉熱窩，竟仍然在黑暗中閃爍。

活躍於七、八〇年代的球星帕錫（帕西奇），卻選擇於戰時開設足球學校。這位前南斯拉夫國腳於闖蕩德國球壇之前，曾效力FK薩拉熱窩多年，深受球迷愛戴。在他眼中，薩拉熱窩從來都是和諧共融的城市，也從沒有想過爆發內戰。因為深愛這土生土長的城市，他放棄離開國境的機會，選擇成為「留下來的人」。

無論去或留，都有許多掙扎。「為了我城，我還可以做甚麼？」也是纏繞他的問題。眼見兒童終日被困室內，或是聽到孩子在戶外耍樂時的傷亡消息，令他毅然決定開辦足球學校——小瓢蟲足球會（Bubamara Football Club）[3]。他選擇在最熟悉和擅長的範疇著手，希望帶來改變。

一九九三年中，帕錫在電台廣播中發表召募小球員的消息，但因局勢危險，也不抱期望。沒料到竟有約兩百名孩子參加，令他的決心更為堅定。參加的孩子來自市內不同的家庭，無分種族或宗教皆無任歡迎。這是帕錫和許多人相信的薩拉熱窩精神。

舉辦戰時足球學校，必須承擔很大的責任和心理壓力。小瓢蟲使用位於斯肯德里亞區的冬奧舊場館作訓練，雖然比起街頭安全得多，但仍是充滿威脅。孩童每次都要全速跑過埃菲爾橋，才能抵達室內運動場。訓練期間，也可能因為炮火襲擊，而需要集體逃往地下室避難。即使如此，足球學校仍繼續運作，因為它提供了相對安全的遊玩空間，足球訓練令孩子暫離痛苦、再嘗正常生活、重拾童年應有的歡樂，那怕只是一時三刻。

小瓢蟲作為學校，除了教授足球技巧之外，更重要的是關心孩子的成長。教練團隊從訓練

3 Bubamara即瓢蟲，在波斯尼亞，被相信為一種帶來幸運的昆蟲。

中覺察兒童的情緒創傷，希望能及早介入。帕錫說過：「在我兒時，足球教會我價值觀，我想將它傳給下一代。作為足球員，應渴求真相、公平和正義，也相信友誼和共融。」他希望透過足球，讓孩子擁抱多元價值，明白團隊精神，學習和而不同。孩子懷著成為職業足球員的夢想，守護他們的夢想也成為眾人生存的動力。帕錫藉足球在悲傷無力的城市中，共同構築被夢想填滿的堡壘。

漫長的戰事令人窒息，百姓每天活在死亡威脅之下，極度渴望和需要「正常生活」。以至於戰爭期間，即使受炮火威脅，仍然有足球比賽舉辦。本市的兩大球會除了分別跟維和部隊友賽之外，也參與地區賽事。[4]照亮黑暗的，不止是足球，還有音樂和表演藝術。

圍城期間，薩拉熱窩弦樂四重奏[5]舉辦逾兩百場音樂會，還有薩拉熱窩戰爭劇院主辦演出近百場的戲劇《Shelter》和著名劇目《等待果陀》，都是藝術回應社會的典範。就是這許多挺身而出的凡人，守護專業，令戰地不至變成真正的地獄，讓人不止於生存，還有希望，尚有尊嚴，仍然對未來有所憧憬。

小瓢蟲足球學校的孩子中，至少六人於長大後成功晉身國腳，包括意甲征戰多年的蘇簡奴域（祖卡諾維奇）和穆哈域莫治（穆哈雷莫維奇）等。而當年參加首批招募的小球員中，最具

[4] 足協於一九九三年開始，嘗試在波軍控制的範圍內舉辦「全國性」賽事，薩拉熱窩的球會於一九九四年中開始參與。比賽地點多在澤尼察市等較安全的地方舉行，而各首都球會的賽事則主要在科舍沃市立體育場進行。

[5] 幾位弦樂音樂家在圍城期間，組成四重奏，即使原始成員因而喪生，仍繼續排練和表演，以音樂對抗仇恨和戰火。「薩拉熱窩絃樂四重奏」以高尚情操為世人津津樂道。

代表性的就是現時國家隊代表次數及入球最多的紀錄保持者——迪斯高（哲科）。在戰時一代的帶領下，波黑於戰爭結束近二十年後的二〇一四年，以獨立國家身分首次打進世界盃決賽週。眼見來自小瓢蟲的迪斯高在決賽週取得入球，更是既感動又感慨。

亂世之中，每個人都可以盡己，每個人都可以貢獻。

To my beloved Sarajevo,

part of myself will always be with you.

煮豆燃萁——莫斯塔爾／

足球，可否不分種族的界限？

我輕呷波斯尼亞咖啡，凝望百年古橋，坐上半天。伴著咖啡的不僅是一顆傳統糖果，更是河畔景色和老城歷史。莫斯塔爾（Mostar）是黑塞哥維那[6]地區的最大城市，古橋是她的象徵，也是她的靈魂，見證此地一切興衰與哀痛。

「Most」是當地語言中的「橋」，「Mostar」就是「橋的守護者」。古橋座落內雷特瓦河上，建於一五五六至一五六七年年間，曾是世上最寬闊的人工拱橋。數百年來，莫斯塔爾人一直擔當「橋的守護者」，而古橋也見證此地每代人的生命故事。

直至一九九三年十一月九日，古橋被炸毀，同時抽空莫斯塔爾的靈魂。炮火毫不留情地把古建築摧殘，炮聲打進人心，這片土地也得變得肢離破碎。

6 「波黑」的領土，由波斯尼亞和黑塞哥維那組成，其中前者在北部，大致為國土的八成範圍，後者則在南部，約占兩成地區。因為國家名稱甚長，一般被簡稱為波斯尼亞或波黑。

莫斯塔爾混戰

正如波黑許多地方一樣，莫斯塔爾是各族混居之地。一九九一年的人口統計數字，百分之三十五為穆斯林、百分之三十四為克族，以及百分之十九為塞族。然而，族群劃分並無楚河漢界，反之各族間共同生活、互為交往、甚至彼此通婚。所謂的宗教不同或族群差異，都沒有影響他們的接納。

當共產南斯拉夫搖搖欲墜，極端民族主義籠罩之時，波黑似乎亦難免厄運。一九九二至一九九五年間，戰火蔓延波黑全境，各地皆出現圍城和拉鋸戰，莫斯塔爾則歷盡人性黑暗。塞軍因得到南斯拉夫人民軍支持，於戰爭初段優勢明顯，並將莫斯塔爾圍困，波軍[7]與克軍遂聯手抗敵。然而，無論是塞族或克族的民族主義者，都視波黑為其國土範圍的延伸。於戰事期間，擁抱大克羅地亞主義的克族，因企圖將城市據為己有而倒戈相向。隨著各地波軍與克軍的磨擦升級，「戰中戰」的克波戰爭（克羅埃西亞—波士尼亞戰爭）亦告爆發。克軍和波軍各據西東，前者發動突襲，徹底出賣盟友，塞軍乘機混水摸魚，令莫斯塔爾陷入混戰。

一九九三年十一月九日，克軍將古橋炸毀。那是象徵莫斯塔爾的古橋，也是戰爭中最後一條連接兩岸的橋梁。古橋崩塌，落入內雷特瓦河的瞬間，彷彿宣告數百年來的關係恩斷義絕，

[7] 波黑共和國軍隊（波士尼亞與赫塞哥維納共和國軍），於一九九二年戰爭爆發後始倉卒成立，成員以穆斯林為主，也包括克族人和塞族人，在此簡稱波軍。相比塞軍和克軍，其資源和武器處於明顯劣勢。

從此不相往來。回憶於戰爭中最為可怕，總有一些象徵性的畫面揮之不去，不斷隨夢魘到訪。我想起「九一一事件」當晚，電視機前重覆飛機撞向大樓的畫面，心仍有餘悸，更何況炸毀古橋的竟是曾經的盟友。

南斯拉夫內戰揭露人性最醜陋的一面，種族滅絕、輪姦、酷刑和殘殺等戰爭罪行，竟大規模和有系統地進行。曾經，他們會在彼此的宗教節日互相探訪。曾經，他們不信有天會互相殘殺。昔日的鄰居與玩伴，竟一夜間兵刃相見。戰地記者彼得・馬斯在《愛你的鄰居》一書中指出，戰時甚至有雙方舊相識的士兵，夜裡以無線電通訊敘舊，白天卻要殺死對方。我想起一位波斯尼亞朋友的感慨：「我們巴爾幹人是瘋狂的，輕易就能被挑釁。」為甚麼背叛突如其來？為甚麼肆無忌憚地殺戮？即使戰鬥平息，人們還可以相信甚麼？

莫斯塔爾古橋雖已重建，但民族間的關係始終不復當年。

二十多年來，彈孔仍留在牆壁。子彈穿過死傷者的胸膛，卻長留倖存者的心中。我緩緩踱步走到橋下的河畔，把雙腳浸泡在河水中，感受時間的包容度。四季更迭、流水不斷，落花雖早被帶走，河床的碎石卻只隨年月寸進。時間，帶來了甚麼？帶走了甚麼？

我沉浸於思緒與鬱結，並未數算腳下流逝的時間。「呀！」我突然被小石擊中，雖不致受傷，但卻甚為疼痛。不一會後，另一顆小石擊中我的相機，幾乎把鏡頭打破。我很快發現位於高處、向我施襲的男孩，便對他怒目而視。小孩自知事敗，由躲藏轉為挑釁，並持續向我展示敵意。「Come on!」他煽動我動武，甚至令我有點衝動。

我走上高處，想要跟他理論，或至少阻嚇他不能為所欲為。為何他要襲擊我？是因為種族或膚色嗎？我不明白，也不接受。心裡越想越氣。我拾級而上，消耗不少氣力，也讓腦袋稍微冷靜。「算了吧，難道真的動手打小孩嗎？」我便繞過孩子藏身位置的路口，獨自往西面的新城區消消悶氣。

城西的戰爭痕跡

假如旅人留在觀光區中心，對莫斯塔爾的印象，相信不外是古橋、卵石路、清真寺和鄂圖曼風情等，但只要稍微在市內遊走，便可發掘更多的真實和故事。

墓園、危樓和廢墟爭相地提醒我，莫斯塔爾曾是波黑戰爭中被炮轟最激烈的地方之一。我偶爾看到破落的樓宇夾雜在新建築之間，許多都近乎被徹底破壞，沒有屋頂，牆身密集的彈孔堪比蜂巢，所餘無幾的外殼也被樹木植被所侵占。

西城區的西班牙廣場曾是戰場的前線，因紀念十二名聯合國維和部隊而犧牲的西班牙士兵而命名。廣場旁有一所外型醒目的中學，用色鮮明，設計獨特。它的校舍始建於十九世紀，為新摩爾式風格建築的典範，雖於戰爭時期嚴重受損，但已完成復修，並為現時城內唯一的族群混合學校。有人認為，這是戰後重建以至復和的象徵，但周遭的光景卻在訴說另一個故事。

廣場附近有為數不少的破落危樓，跟光鮮校舍對比強烈，當中最為矚目的是被稱為「狙擊手之塔」的廢棄大廈。這座高樓前身為銀行，於戰時是市內最高的建築，因其戰略價值而長期為狙擊手所用。「狙擊手之塔」多年後仍完全空置，雖然列明禁止進入，但不少露宿者、青年以至旅客都擅自內進。以廢墟而言，大廈內的衛生並不算差，但空置的升降機槽、沒有外牆的樓梯和其他潛在危險，都令人不可掉以輕心。在大廈高層，幾乎能看清市內每一處。我曾在紀錄片中看過克軍狙擊平民的慘況，不知多少發的子彈是從這裡射出……從大廈望向南方，是天主教堂的百米高鐘樓以及山頂上的十字架，跟東面的清真寺宣禮塔隔岸遙望。

我從西班牙廣場往西走，到達現為辛連斯基（莫斯塔爾茲里尼斯基克族體育俱樂部，Zrinjski Mostar）主場的比耶利布里耶格體育場。球場附近充滿象徵式的壁畫與符號，一時之間，我被紅白方格包圍，彷如置身克羅地亞。球場外有一座紀念碑，曾被用作紀念「社會主義民族解放英雄」之用，卻被「改造」和添上克羅地亞格子。學者Richard Mills以聖像破壞（iconoclasm）和褻瀆（desecration）形容此等行為。他認為無論重要與否，每個紀念碑都代表一種論述，肆事者以改造而非徹底破壞舊有的紀念碑，是刻意強調對其前身的否定訊息。

對紀念碑的破壞行為，被視為對逝者的「二次謀殺」，也多少反映戰後多年的社會狀況。西班牙廣場附近的一座為戰爭中死難者而建的紀念碑，在開幕幾天之內便遭破壞。埋葬二戰時期軍人的遊擊隊紀念墓園屢遭破壞，更是清晰表達對共產黨時期歷史的否定。然而，為甚麼球場外豎立這個紀念碑呢？

比耶利布里耶格體育場的故事，是關乎兩個本地球會的故事，更是反映莫斯塔爾現代史和實況的故事。

鵲巢鳩占與兩家球會

比耶利布里耶格體育場以其所在的區域命名，自建成啟用後，一直是球會貝萊斯（莫斯塔爾維列茲足球俱樂部，Velež Mostar）的主場，唯戰後卻被辛連斯基所占。兩家球會分別代表兩種意識形態，而辛連斯基的鵲巢鳩占，就是種族清洗的力證和民族分裂的現狀。

貝萊斯成立於一九二二年，以本地一座山之名命名，會徽的紅色五角星，表達球會與社會主義的連繫。於南斯拉夫王國時期，南斯拉夫共產主義者聯盟（簡稱南共）被取締。南共成員成立貝萊斯，任職球會管理層，並以類近共產黨的影子身分，發揮連結工人階級的作用。辛連斯基則成立於一九〇五年，以被視為民族英雄的辛連斯基（Zrinjski）家族[8]命名，會徽有紅白

---

[8] 辛連斯基家族為克羅地亞及匈牙利貴族，家族成員於十七世紀對抗鄂圖曼帝國的威脅並和企圖對哈布斯堡王朝（House of Habsburg）發動政變，在克國歷史上被賦予傳奇色彩和民族英雄地位。

格子，長期為克國民族主義的象徵。

兩家球會因其政治意識形態，於二戰前後各有際遇。二戰期間，波黑遭軸心國入侵後，成為烏斯塔沙的克羅地亞獨立國的一部分。貝萊斯因共產主義背景於一九四〇年被王國取締，禁令延續至烏斯塔沙時期。與此同時，與法西斯烏斯塔沙緊密聯繫的辛連斯基，則積極參與克羅地亞獨立國的足球聯賽。

二戰過後，共產南斯拉夫成立，在過程中貝萊斯的貢獻和參與備受肯定。球會的職球員中，有人投身鐵托領導的游擊隊，也有人作為共產黨員被迫進集中營。球會在比耶利布里耶格體育場外豎立紀念碑以紀念這些死難者，也鞏固與共產政權的關係。至於辛連斯基則因極端民族主義身分及克羅地亞獨立國的連繫，於一九四五年被取締。

鐵托深知民族主義對其南斯拉夫的潛在危險，故一直極力防範，亦在政策上盡量達至各族權力平衡。在一眾混居的成員國中，波黑以近乎三族平均的人口分布，在聯邦中有獨特的地位。她被視為民族主義的緩衝，也是鐵托極力推崇的「維護兄弟情誼和團結」的示範。

在南共時期，貝萊斯得以在安全和穩定的環境下發展，並兩度奪得南斯拉夫盃冠軍，踏上球會史上的高峰。貝萊斯作為鐵托的長期忠實擁護者，也得到南共的重視和認證。鐵托不僅為球會五十周年致辭，還授予「兄弟情誼和團結金花環勳章」。貝萊斯一直以擁抱多元族群自居，它作為唯一活躍的本地球會，亦深受各族人歡迎，確有其凝聚的作用。

有學者認為，南共的分權和民族政策失誤，為其瓦解的重要關鍵。成員國高度獨立和各自運作，令中央政府的角色有所削弱，甚至令部分成員國質疑留在聯邦的必要。於八十年代的民族主義風潮下，分離和單一民族意識被激化，貝萊斯則以團結和多元族群思想極力抗衡。這與其說是為政權服務，不如說球會貫徹與之相符的理念，是促進和諧共處及社會穩定的因素。

戰爭爆發與種族清洗

隨著南斯拉夫政治危機加劇，貝萊斯的取態和定位也陷入困境。克羅地亞戰爭爆發後，其境內所有球會都退出南斯拉夫聯賽。莫斯塔爾的克族人遂要求貝萊斯退出，認為欠缺斯洛文尼亞和克羅地亞球會的聯賽，無疑只是「塞爾維亞人的聯賽」。由於貝萊斯並未主動杯葛和退賽，極端克族分子甚至在球場發動炸彈襲擊。這對支持多民族國家的貝萊斯來說，無疑是一大打擊。直到波黑戰爭爆發，球會在克族球員杯葛下，仍堅持作客塞爾維亞，可說是用盡最後一口氣來維護他們心中的團結。至此，他們眼中兄弟邦的瓦解，已是大勢已去。

由於波黑獨立，取締禁令再也無效，辛連斯基遂於事隔四十多年後「復活」。辛連斯基的復活被視為穆斯林與克族人戰爭下的產物，為克族民族主義者對貝萊斯身分和意識形態的挑戰，完全是以實現種族分離為目的。

自波克交戰開始，克族便在西莫斯塔爾進行種族清洗，大量穆斯林被圍捕。比耶利布里耶格體育場一度成為穆斯林的臨時拘留場所，直到克軍將他們送到集中營、驅逐或殺害。位於城市的清真寺、紀念碑或文化場所等都在種族清洗之列，而貝萊斯連同數以萬計的穆斯林難民，自此被迫離開他們原居的城西住所，再也無法回家。

克族地方政府將比耶利布里耶格體育場使用權給予辛連斯基，貝萊斯失去球場以及設施、獎盃和歷史證據，但被驅逐的不止是球會，更是其長久以來「多民族共存」的意識形態，莫斯塔爾從此分裂，以東西為界，直至戰後近三十年仍大致如此。

流離失所多時之後，貝萊斯終於在城市東北部Vrapčići區的新主場重新起步，球會的核心價值與身分卻受到衝擊。當代的球會和球迷組織，仍舊以左傾和多民族兼容自居，多少被視為過於理想主義。貝萊斯與單一民族球會的標籤對抗的同時，現實上卻被迫越走越近。畢竟在塞族人遷離、主流克族人支持辛連斯基的實際情況下，貝萊斯球迷始終以穆斯林為主。曾經以球迷身分分享歡樂、以南斯拉夫人身分和諧共存，今天竟以狹義民族之名各走各路。比耶利布里耶格體育場的鵲巢鳩占，在象徵意義上不比摧毀古橋為小。

戰後分裂和畸形制度

薩拉熱窩的鐵路工人球會薛謝斯歷卡，跟貝萊斯有著幾近相同的命運。在格爾巴維察體育場淪為前線無人區時，部分塞族人在距離首都近一百公里的弗拉塞尼察另組「Željezničar」。他們宣稱原有的格爾巴維察體育場位於「塞族區」，故他們的「Željezničar」才是合法繼承者。即使這家球會的認受性和持續性皆非常有限，但球會始終被嚴重撕裂。戰後的協議未如塞軍所願般將薩拉熱窩半分，格爾巴維察區成為波黑聯邦的範圍，區內的塞族人口基於安全考慮或迫於壓力，大都被迫離開原居地，遷往塞族共和國範圍。無論重返格爾巴維察體育場的薛謝斯歷卡，或是建立新主場的貝萊斯，都仍繼續強調民族兼容的價值，但事實上都被動地成為穆斯林為主的球會。民族分裂和族群地圖重繪，是波黑戰爭故事的第二回。

在北約軍事干涉後，三方終於以《岱頓協定》結束戰事，並根據其內容建立國家和體制。「一個國家、兩個政治實體、三個總統」是波黑複雜政治制度的最簡略描述。波黑作為一個國家，僅以弱勢中央政府維繫。兩個政治實體分別為主要由穆斯林和克族人組成的「波黑聯邦」（波士尼亞與赫塞哥維納聯邦）和以塞族人為主的「塞族共和國」，各有其憲法、議會、司法機構和地方政府。三族則各選一人為國家元首，組成三人總統團，並在四年任期內，每八個月輪流就任。總統團主理對外事務和國家層面決策，並理論上由三人共識決定。在整個國家制度之上，設有一名由國際社會委任的駐波黑高級代表，擁有近乎無限的最高權力。

《岱頓協定》變相承認戰爭造成的既定事實，也使民族分歧進一步制度化。《岱頓協定》將國家體制的權力分散，以民族劃分，互相制衡，雖然帶來多年的和平，但亦使之成為結構性問題的核心。

波黑政制被視為世上最複雜的制度之一，也造成極臃腫的公職人員體系。國家層面的三人總統團、眾議院、民族院和部長會議，加上兩個政治實體下的各級政府、議會和司法機構等，牽涉巨額公共開支，消耗全國近半國民生產總值（GDP）。這個龐然巨物不僅造成官僚主義，也成為貪汙的溫床。而且，凡事以民族劃分，族群政治先行的制度和風氣，也令政府和議會難以運作、效能不彰。族群之間的不信任與排斥，使政壇和社會皆難以達成共識。政客每每因自身族群優先的考慮，而行使否決權，使國家整體裹足不前，致令波黑和平以來一直經濟疲僨和失業率高企。再者，以三大民族和兩個政治實體為基礎的制度，也存在代表性上的漏洞和爭議。由於塞族總統必須在塞族共和國中選出，另外兩位總統則須在波黑聯邦中選出，這使得身居彼邦的少數居民，例如塞族共和國內的穆斯林或聯邦中的塞族人，無法選出代表自己的民族代表。而三大族群以外的少數民族（例如猶太人和羅姆人等）權益更是被忽視。

民族間分裂嚴重，不僅見於政制，更深入社會每個層面。獨立初期，各族自組足總，延續於戰時以民族劃分、自組聯賽的趨勢。可是，由於國際足協和歐洲足協拒絕承認國內各自為戰的聯賽，直接令國內球會無法參與歐洲賽事，也令國家隊絕跡於國際舞台。故此，國內足壇終於走出融合的第一步，並於二〇〇〇年成立波黑超級聯賽，唯最初仍遭塞族足總拒絕。兩年後塞族正式加入，三族間終於再度在綠茵場上聚首[9]。同年，三族自組的足總亦告合併，並參照國家三人總統團的方式，實行一個足總三個主席的制度。

即使三族終於在頂級聯賽中對壘，但仍不改以政治實體劃分的制度複雜性。國內的次級聯賽分別為波黑甲組聯賽及塞族共和國甲組聯賽，兩者的冠軍將升班至波黑超聯。聯賽基本以行政區域劃分，波黑聯邦轄下有十個州、州下再細分為七十九個城鎮，而塞族共和國則有六十四個城鎮，設四個足球分區，而地位特殊的多民族布爾奇科自治區（布爾奇科特區）[10]，則納入

---

9 以位於塞族共和國的實際首都巴尼亞盧卡的球會「巴尼亞盧卡戰士足球俱樂部」為例，它曾於內戰期間，在塞爾維亞國境內繼續參與南斯拉夫聯賽，後來才轉戰波黑的塞族共和國聯賽。隨著塞族於二〇〇二年加入波黑超聯以後，球會大部分時間都在此競爭。

10 布爾奇科位處波黑東北，靠近塞爾維亞國境，與克羅地亞接壤。由於位處戰略要衝和多民族共居，各方難以就布爾奇科的所屬達成共識，終以多民族的單一特別自治區的形式處理。

塞族聯賽體系之中。各區聯賽的球會數量、升降班制度等並不統一，第四級別聯賽到第七級別聯賽，則更形複雜。

以民族之名的糾纏和內耗，一直困擾戰後波黑的發展，也消弭外間的耐性。當年波黑合併的三主席制度，被視為過渡期的權宜，卻成為貪汙腐敗和政治鬥爭的平台。足總高層往往不具備專業管理才能或足球知識，卻因其民族背景和政治主張上台，甚至作為其從政生涯的踏腳石。國際足協和歐洲足協厭倦波黑足總的內部混亂，終於於二〇一一年對波黑實施國際賽禁令，要求波黑足總進行改革，以符合國際標準。國際足協任命德高望眾的前球員及領隊奧森（奧西姆）等足球從業員組成「正常化委員會」，以率領波黑足總進行改革。終於波黑足總確立新的架構，廢除三主席制，並首次選出一人為唯一的主席，並在禁令實施兩個月內獲得撤銷。波黑足總改革後，終於走向「去民族化」為先的第一步，各界的合作和重組可否成為國家的參考？

現有體制和社會氛圍都是民族分裂、難以復和卻又共存的結果。於是，社會只能折衷地承受先天缺憾的制度，並付出整體代價。然而，戰爭傷害是如斯地深，談復和又談何容易？

「三條線」的未來

我回想薩拉熱窩的某個晚上，我送 Hanifa 回家。即使已到她家門前，卻始終有說不完的話，時鐘識趣地默言避席，那是我們成為心靈伙伴的晚上。我們分享對自我黑暗面的發現，對人生的迷茫、無力和遺憾，真情流露，泣不成聲。我感受到她的明白、接納與同在。

坦誠，是她的信念，是在淚與痛的路上的領悟。金無足赤，人無完人。縱然要承受後果、即使不能彌補、儘管永遠不可能被原諒，但承認錯誤，承認對別人的傷害，是必須的第一步。只有這樣，彼此才有可能前行。無論是「大話冚大話」，或是自欺欺人的謬論，都只會令傷害加劇。坦誠，對自己與他人而言，都是至關重要，從個人到社會，莫不如是。

轉型正義對走出創傷至為重要，無奈卻是遙遙無期。即使聯合國安理會成立「前南斯拉夫問題國際刑事法庭」，以審判戰爭期間的罪行，並曾將塞族共和國前總統卡拉季奇和指揮官姆拉迪奇（穆拉迪奇）等人以反人道罪和種族滅絕等罪名定罪，仍遠不足以還原真相、彰顯公義。在斯雷布雷尼察（雪布尼查）大屠殺、維舍格勒（維謝格拉德）大屠殺和普里耶多爾集中營大屠殺等慘劇之中，無數受害人目睹親人被殺、遭受虐待、婦女被大規模持續輪姦等，都教人無比痛心。可是，各族政客仍然對戰爭罪行作自我詮釋，民族主義者奉戰犯為英雄[11]等行為，都是在受害者的傷口上撒鹽，也引發更深的衝突。

許多民族主義塞族領袖持續為戰爭罪行塗脂抹粉，在多迪克的推動下塞族共和國更通過法案，禁止境內的學校教授有關薩拉熱窩圍城或斯雷布雷尼察大屠殺等歷史。二〇二一年，時任駐波黑高級代表因茲科（因斯科）運用最高權力，實施「禁止發表否定波斯尼亞戰爭曾發生種

11 克族將領普拉雅克被判在莫斯塔爾犯下反人類和戰爭罪行後，在法庭上服毒自殺。時任克族總統喬維奇將其行為形容為「非常光榮」。前塞族總統多迪克則指判決針對塞族人，並形容姆拉迪奇為「塞爾維亞的傳奇」。

族屠殺」的法令，以圖阻止有人篡改歷史。塞族政壇隨即強烈反彈，不僅象徵式地以共和國議會廢除該法令，更威脅退出波黑政治體制，時任塞族總統多迪克更揚言成立獨立的塞族軍隊。一般相信，在烏克蘭戰爭的陰霾下，俄羅斯正暗中煽動塞爾維亞民族主義者，以分裂的波黑作為與歐盟之間的緩衝國，令這輪和平後最大的危機更形複雜。

戰爭過去接近三十年，以 Hanifa 為例的一些人，難言原諒，但希望放下前行，選擇以「三條平衡線」的方式生活。有些人企圖成為唯一，永遠抹除另外的「線」。也有些人，不欲再生活在仇恨和衝突之中，希望衝破民族隔閡，共同編織出新的未來。

擁抱擲石小孩

在離開之前，我看見擲石小孩在河畔，看似又要對誰人出手。我從後走近孩子，輕拍他的肩膀，他立時嚇了一跳。我臉帶笑容，伸出溫柔的右手。我不會忘記孩子的驚訝表情，他單純的雙眼看著我，打量半秒，有些戰戰兢兢地跟我握手。這一下握手，感覺很暖。他說：「Sorry.」其實我並不需要他的道歉，但喜見他有機會反思和承擔。

「好了，你想喝汽水嗎？」窮旅人捨不得喝的茶座汽水，為了與他有更多相處，卻絕對值得。我無法以言語更深入地了解孩子，只能藉表情、動作和圖畫溝通，但是觀察他的行為、表情和反應便已足夠，他本身就是這個城市的故事。

我在無理被襲後，反倒釋出善意，令孩子也放鬆警戒。他吸吮著吸管，嘗試開放跟我接觸，也開始對我和相機產生更多興趣。放下敵意的臉，跟天下所有孩子同樣燦爛可愛。人性，本善。

「Muslim.（穆斯林）」他指著自己，並示意詢問我的宗教。我表示自己沒有宗教信仰，他卻不明所以。在他的世界裡，每個人都有宗教、有族群。怎樣的環境，便有怎樣的孩子。他在介紹自己時，將族群放在首位，然後說出自己的名字，最後才是年齡。短短數句，便足以反映。這片土地總是如此的壁壘分明，族群身分凌駕個人的獨特性，每個人都彷彿必須背負族群的包袱生活，欠缺個體的自由。

我嘗試以圖畫向孩子解釋，冤冤相報的惡性循環。必須有人伸出友誼之手，才能令彼此都從怨恨中解脫，才會有人得到快樂。孩子無法聽懂我的話，他默默地點頭示意，若有所思。我知道他能夠感受，感受從怨恨、放下到關愛，因為這是我們的共同經歷。我沒有資格說大道理，只想在限制中掙扎前行，身體力行地盡力去愛。我從動怒、羞愧到領悟。或者我可以給他教訓，也可以置之不理，但我想他能夠感受包容，這是作為成人的教育義務。我明白他在仇恨的環境中成長，我的舉動微不足道，但至少我可以在這個當下，為彼此種下新的「因」。

佛經有云：「怨憎會苦有內外二者，內者即三惡道報，外者即刀杖等緣。」怨恨既令人受惡念、我執所煎熬，亦衍生更多業行。互相傷害的業行必招更多怨恨，如此生生世世，代代延綿。苦不想一直延續下去，總得有人去化怨解恨。

戰火平息後，當局致力重建古橋，既在河床搜索原有古橋的碎片，又藉各國專家、資源和科技，力求重現這地標的昔日風采。二十多年後的今天，莫斯塔爾再次圍繞古橋起步，古城區商店林立，彷似欣欣向榮。旅人在兩岸咖啡室悠然懷古，遠眺百多年的跳橋傳統再現。可惜，曾被摧毀的橋梁，即使可再度連接兩岸，但帶著不能磨滅的回憶下，是否真的能再連繫人心？

「Don't forget, 93.」，橋上的小石叮囑後世銘記的誡言。然而，他們需要的不止是「不要忘記」，更要跨越過去。我看著一位赤裸上身的青年，在人群的小費和鼓勵下，從復修的古橋一躍而下。從二十公尺的高度，跳進冰冷的內雷特瓦河之中，需要莫大的勇氣。這也是逾百年來莫斯塔爾的傳統，是勇氣的修煉與表現。無論多少人在旁鼓勵，跳躍前的心境，都只有自己承受，面對未知的不安，需要克服恐懼的勇氣。

東岸的宣禮塔與西岸的十字架，百年來都由古橋相連。莫斯塔爾歷代都有跳橋的勇者，我期待著誰能躍出包容關愛的一步。跨越族群的利益、跨越過去的仇恨，這一步需要每個人共同地勇於跨越！

「緣」令我們遇上，他讓我反思、突破與實踐；或許我也讓他有著蝴蝶效應式的反思。我在離別前深深擁抱這孩子，我說：「Thank you.」謝謝你珍貴的愛。我盼望今天的頑童，可以成為明天的「跳橋人」，成為真正的「橋的守護者」。祝願波黑故事的最終回是走向和平，願這土地裡不分你我高低。

【初稿完成於十一月九日，即古橋被毀的紀念日，僅將本篇獻給波黑每一顆傷痛的心靈。】

譯名表

香港譯名	台灣譯名	外文	外文暱稱／縮寫
	戰火圍城——薩拉熱窩		
薩拉熱窩	塞拉耶佛	Sarajevo	
-	黃堡	Yellow Bastion	
費迪南大公	斐迪南大公	Archduke Franz Ferdinand, 1863-1914	
薛謝斯歷卡	塞拉耶佛澤列茲尼察足球俱樂部	Fudbalski klub Željezničar Sarajevo	FK Željezničar
-	格爾巴維察體育場	Stadion Grbavica	
-	拉德足球俱樂部	FK Rad Beograd	FK Rad
-	戈蘭・古塔爾	Goran Gutalj, 1969-	
海牙法庭	國際刑事法院	International Criminal Court	
妙哈卡河	米里雅茨河	Miljacka	
-	舍赫切哈橋	Šeher Ćehaja	
費斯蒂納蘭特橋	費斯蒂納蘭特橋	Festina lente	
拉丁橋	拉丁橋	Latinska ćuprija	
-	弗爾巴尼亞橋	Vrbanja most	
-	蘇阿達・迪爾貝羅維奇	Suada Dilberović, 1968-1992	
-	奧爾加・蘇契奇	Olga Sučić, 1958-1992	
-	蘇阿達與奧爾加橋	Most Suade i Olge	
假日酒店	假日飯店	Holiday Inn	
狙擊手大道	狙擊手大道	Sniper Alley	
《薩拉熱窩的羅密歐與茱麗葉》	《塞拉耶佛的羅密歐與茱麗葉》	*Romeo and Juliet in Sarajevo*, 1994	
-	鮑斯高・布傑	Boško Brkić, 1968-1993	
-	埃美亞・伊斯美	Admira Ismić, 1968-1993	
獅子墓園	獅子墓園	Groblje Lav	
-	科舍沃	Koševo	
-	科舍沃市立體育場	Gradski stadion Koševo	

香港譯名	台灣譯名	外文	外文暱稱／縮寫
FK薩拉熱窩	塞拉耶佛足球俱樂部	Fudbalski klub Sarajevo	FK Sarajevo
-	費德・蒙素洛域	Fuad Muzurović, 1945-	
梵蒂岡	梵蒂岡	Vatican City	
若望保祿二世	若望保祿二世	Pope John Paul II the Great	
拉夫桑賈尼	阿克巴爾・哈什米・拉夫桑雅尼	Akbar Hashemi Rafsanjani, 1934-2017	
-	多布林亞	Dobrinja	
-	布特米爾	Butmir	
-	科拉	Kolar	
-	戰爭旅館	War Hostel	
-	特雷貝維奇	Trebević	
薩拉熱窩玫瑰	塞拉耶佛玫瑰	Sarajevska ruža / Sarajevo Rose	
-	拉頓廣場酒店	Radon Plaza Hotel	
-	湯姆・史多達特	Tom Stoddart, 1953-2021	
帕錫	普雷德拉格・帕西奇	Predrag Pašić, 1958-	
小瓢蟲足球會	-	Bubamara Football Club	
-	斯肯德里亞	Skenderija	
-	埃菲爾橋	Eiffelov Most	
薩拉熱窩弦樂四重奏	-	Sarajevo String Quartet	
薩拉熱窩戰爭劇團	-	Sarajevo War Theatre	
等待果陀	等待果陀	*Waiting For Godot*, 1952	
蘇簡奴域	埃爾溫・祖卡諾維奇	Ervin Zukanović, 1987-	
穆哈域莫治	維爾丁・穆哈雷莫維奇	Veldin Muharemović, 1984-	
迪斯高	埃丁・哲科	Edin Dzeko, 1986-	

香港譯名	台灣譯名	外文	外文暱稱／縮寫
煮豆燃萁——莫斯塔爾			
莫斯塔爾	莫斯塔爾	Mostar	
內雷特瓦河	內雷特瓦河	Neretva	
克波戰爭	克羅埃西亞-波士尼亞戰爭	Croat-Bosniak War	
九一一事件	九一一事件	September 11 Attacks, 2001	
-	彼得・馬斯	Peter Maass, 1960-	
《愛你的鄰居》	《愛你的鄰居》	*Love Thy Neighboe*, 1996	
西班牙廣場	-	Španjolski trg	
辛連斯基	莫斯塔爾茲里尼斯基克族體育俱樂部	Hrvatski športski klub Zrinjski Mostar	Zrinjski Mostar
-	比耶利布里耶格體育場	Stadion Pod Bijelim Brijegom	
貝萊斯	莫斯塔爾維列茲足球俱樂部	Fudbalski klub Velež Mostar	Velež Mostar
匈牙利	匈牙利	Magyarország / Hungary	
-	弗拉塞尼察	Vlasenica	
《岱頓協定》	《岱頓協定》	*Dayton Agreement*, 1995	
波黑聯邦	波士尼亞與赫塞哥維納聯邦	Federation of Bosnia and Herzegovina	
塞族共和國	塞族共和國	Republic of Srpska	
猶太人	猶太人	Jews	
羅姆人	羅姆人	Romani people	
布爾奇科自治區	布爾奇科特區	Brčko	
奧森	伊維察・奧西姆	Ivica Osim, 1941-2022	
前南斯拉夫問題國際刑事法庭	前南斯拉夫問題國際刑事法庭	International Criminal Tribunal for the former Yugoslavia	
卡拉季奇	拉多萬・卡拉季奇	Radovan Karadžić, 1945-	
姆拉迪奇	拉特科・穆拉迪奇	Ratko Mladić, 1942-	
斯雷布雷尼察	雪布尼查	Srebrenica	
維舍格勒	維謝格拉德	Visegrád	
普里耶多爾	普里耶多爾	Prijedor	

香港譯名	台灣譯名	外文	外文暱稱／縮寫
多迪克	米洛拉德・多迪克	Milorad Dodik, 1959-	
因茲科	瓦倫丁・因斯科	Valentin Inzko, 1949-	
		註腳	
-	澤尼察	Zenica	
波黑共和國軍隊	波士尼亞與赫塞哥維納共和國軍	Armija Republike Bosne i Hercegovine	ARBiH
哈布斯堡王朝	哈布斯堡王朝	House of Habsburg	
-	巴尼亞盧卡	Banja Luka	
-	巴尼亞盧卡戰士足球俱樂部	Borac Banja Luka	
-	斯洛博丹・普拉雅克	Slobodan Praljak, 1945-2017	
喬維奇	德拉甘・喬維奇	Dragan Čović, 1956-	

第四章 鐵幕遺害：羅馬尼亞&保加利亞

共產倒台後的亂局，如何影響足球？

保加利亞和羅馬尼亞，讓你想起甚麼？是玫瑰還是吸血鬼？是修道院還是古堡？不少朋友可能頗感陌生，甚至覺得她們略帶神祕色彩。這種神祕感既來自資訊的不流通，也因其曾經是鐵幕國家。

我懷著滿腹好奇抵達，兩國則熱情地為我張開懷抱。從中世紀古堡、歷史名城、名人故居、修道院、自然風光到美酒佳餚，都毫不吝嗇地一一奉上。

從共產建築看極權統治

愛爾蘭作家斯托克（史托克）以羅馬尼亞歷史人物弗拉德三世為藍本，創造出家傳戶曉的吸血鬼——德古拉伯爵（卓九勒）。弗拉德三世是十五世紀的暴君，以嗜血殘暴和喜愛酷刑而聞名，既實行恐怖統治，也濫殺無辜，有「刺穿者」之稱，因而成為吸血鬼的原型。《德古拉》（台譯：《卓九勒伯爵》，大塊出版，2007）不僅令吸血鬼成為羅馬尼亞的聯想詞，也讓小說中參考的布蘭城堡成為國內著名景點。然而，現代的吸血鬼並非居住在城堡，而是在首都布加勒斯特（Bucharest），說的是獨裁者壽西斯古（西奧塞古）。

狂人壽西斯古自一九六五年掌權，在他統治的二十四年期間，帶來天翻地覆的改變，留下不可磨滅的傷痕。他上台初期，一度因勇於批評蘇聯打擊「布拉格之春」而被視為開明派領袖。羅國在他的帶領下，跟蘇聯保持距離，以中間路線自居，遊走在東西陣型，往來於蘇聯中共之間。

布蘭城堡現時以吸血鬼作旅遊招徠。

壽西斯古對內渲染民族主義，對外拒絕對蘇聯言聽計從，順利建立個人聲望。唯當異己盡除，大權在握後，他也原形畢露。他建立規模冠絕東歐的祕密警察組織，打壓言論自由，對異見者動輒監禁、施刑或虐殺。國民生活在惶恐之中，時刻被祕密警察監控，加上政權鼓吹「篤灰」（正字為「豖魁」，意即告發、出賣），在告密的陰影下，連對人的基本信任也岌岌可危。他的干預和掌控，已達荒謬的程度，甚至推動強制生育、禁止避孕，建立所謂的「月經警察」，剝奪國民選擇生育的權利。

在西方集團的經濟援助帶動下，羅國經濟曾一度向好。然而，七〇年代的持續增長，大部分建基於重工業發展，卻忽視整體持續性和平衡。羅國經濟於八〇年代瀕臨崩潰，為償還外債，政權漠視民生所需，推行一系列非人化的緊縮政策，致使能源食物等基本資源一概短缺。百姓在有限配給之下飢寒交迫，苦不堪言，獨裁者家族卻依舊窮奢極侈，大搞個人崇拜，繼續自我神化。終於在一九八九年東歐劇變的大勢之下，成為當時唯一流血革命的國家。蠶食百姓血肉多年的吸血鬼，終成槍下亡魂。

今天的布市絡繹不絕，國際品牌和大型廣告林立，但在歷史建築和現代樓宇之間，共產遺風仍隱約可見。共產政權的意識形態，在市容上留下一抹沉實的灰色，正如它以此覆蓋曾經壟斷的王權與神權。壽西斯古作為羅國共產政權的極致與象徵，則將此國家改造推往高峰，並建成其專屬「吸血鬼城堡」——羅馬尼亞議會宮。

議會宮作為全國最著名地標，是每位旅人必到之處，我當然也不例外。議會宮被列為世界最重和第二大建築物，建有逾千間房間，地面十二層與地底八層，地底建有連接市內各重要場所的祕道，現時部分位置為參眾議院、三個博物館和會議中心之用。因規模龐大，導賞員經常以量化數字表達，雖屬客觀，卻令人難以想像，後來我更是漸漸盲目，幾乎聽不進去。

當年壽西斯古為個人慾望，極欲打造他心目中的城堡。一九七七年的大地震，則為他提供可乘之機。在他的一聲令下，不僅將本建築所在小山丘移平，甚至將本區徹底推倒重來，深具歷史價值的教堂、民生所需的醫院、國內首個現代化球場以至逾萬戶的民居，都被推土機無情鏟平。

我隨導賞員（導覽員）仔細參觀，每處都令我嘖嘖稱奇。每個房間都有統一圖案和配色，好些細節只有在導賞之下才能發現。圓形劇院坐擁逾六百張真皮座椅及華麗的巨型水晶燈，氣派盡現。記者席的一旁展示本國的傳統服飾，另一邊牆上掛有壽西斯古珍藏的畫作。位於會議宮中軸的正廳，四通八達，猶如在皚皚雪原鋪上紅色地毯。只是這些動輒可容納千人的房間，總是顯得廣闊而空洞。

這裡可供參觀的每處都各有其亮點，大如足球場的房間、度身訂造的雲石樓梯、逾二十公尺長的窗簾、為享掌聲的迴音設計，或是採納自然光的玻璃天花等，都盡見規模與奢華。這裡幾乎所有建築材料包括大理石、木材和水晶等，都來自本土。整座建築由七百名建築師參與，數以萬人日以繼夜施工，自一九八四年動工，輾轉至一九九七年方完成，是名副其實的傾國之力。

導賞團（導覽團）的高潮，是從議會宮陽台望向統一大道（烏里尼大道）。眼前弧形的停車場兩旁是對稱的建築，中間則是筆直延綿的林蔭大道，行車線中央還建有代表全國各區的四十個噴水池。在獨裁者的想像中，這座宏偉建築物建成之日，他便昂然站出陽台揮手，接受萬人景仰。然而，現實卻是只有當權者自詡舉國體制的「偉大」，不理民間疾苦，耗盡國力，建成大而無當的巨物。

整個導賞團約一個多小時，卻只足夠參觀整體的百分之四。直到今天，議會宮的七成空間仍然空置，但其能源消耗和維修費用之鉅，堪比一座中型城市的公共開支。這座「吸血鬼城堡」，雖可視為建築奇蹟，但更是國民的傷痛，也是後世的一塊「雞肋」。

我走在統一大道，從遠方回看整座建築，周邊的汽

從議會宮陽台望向統一大道。

車和事物細小如積木，顛覆我對建築比例的既有概念，猶如看見異世界的巨獸，不禁令我想起極權下的足球生態。

壽西斯古時期的足球

自十九世紀末傳入後，羅馬尼亞足總早於一九〇九年成立，甚至比一九二一年成立的羅國共產黨更早。雖然它稱不上是強隊，但確是活躍分子[1]。到一九四七年羅共執政之時，足球雖已走過不少歲月，還是輕易地被前者操控。

東歐集團唯蘇聯馬首是瞻，在蘇共的意識形態之下，雖對足球不感興趣，但因其深受歡迎而無法置之不理，只好加以收編和「統戰」。如是者，國家部門紛紛創建球隊或取締原有球會，以便監視和管制。一九四七年，軍方建立新球會，並輾轉命名為布加勒斯特星隊（布加勒斯特星隊足球俱樂部，FC Steaua București）。祕密警察則於一九四八年合併原有的球會，成立布加勒斯特戴拿模（布加勒斯特迪納摩足球俱樂部，FC Dinamo București）[2]。自此，兩者皆

1 一九三〇年首屆世界盃，在國王卡羅爾二世大力支持下，羅馬尼亞成為願意遠赴烏拉圭的四支歐洲球隊之一。其後意大利和法國世界盃，羅國都並未缺席，是少數於首三屆世界盃悉數亮相的四個國家之一。

2 「Dinamo」（戴拿模）一詞源於古希臘語中的「δύναμις」，有「動力、力量」之意。早於一九二三年，蘇聯內政部和祕密警察成立體育會，並以戴拿模為命名。其後不少蘇聯成員國和其他共產國家皆有所效法，主要為祕密警察或國家安全機關所有。戴拿模以威迫利誘手段操控賽果的情況，屢聽不鮮。

迅速發展，成為國內最受歡迎的兩家球會。另一方面，國家體育場於一九五三年建成啟用，作為備受矚目的大型建設，成為政權宣揚「愛國愛黨」思想的舞台。無論是大型球場的興建或是國家部門參與，共產各國基本是同出一轍。

獨裁者的家鄉

壽西斯古雖不熱衷於足球，但單單是以他之名，便足以改變羅國足球。他的家鄉斯科爾尼切什蒂本來只是平平無奇的小村，但在「農村系統化計畫」的農村改造工程中，被致力打造成的模範城鎮。

老百姓的房子被沒收夷平，只得到微不足道的補償，並強制入住粗製濫造的公寓式樓房。計畫名義上是騰出空地，提升整體工農發展，但政權卻又興建一座兩萬人的大球場，作為元首家鄉球會奧爾特斯科爾尼切什蒂（Olt Scornicești）的厚禮。

八〇年代，羅馬尼亞為償還國債，製造貿易順差，停止進口，大量出口包括糧食在內的物資，以致全國物資匱乏，基本供應不足，引致兒童死亡率高企、營養不良和環境污染等問題。然而，斯科爾尼切什蒂作為元首家鄉，情況卻是天淵之別，各類物資應有盡有，全國各地也難以比肩。

也許獨裁者本人從未重視足球，但其家族卻不乏積極干預者，包括其同鄉兼小舅伯爾布列斯庫。他作為皇親國戚，不僅弟憑姊貴，涉足國家權力，更將爪牙延伸至足球。球會成立於一九七二年，本來以「Viitorul Scornicești」為名，Viitorul即「未來」之意，可側見其野心，後來多番易名為「奧爾特斯科爾尼切什蒂足球俱樂部」（FC Olt Scornicești）。

初生的奧爾特始於丁組地區聯賽，但隨即扶搖直上，數年間連續得到升班資格，其操縱過程明目張膽。最明顯的例子，發生於一九七八年丙組聯賽最後一輪。球隊必須以較佳得失球差獲勝，才能壓倒競爭對手莫雷尼（莫雷尼火焰體育俱樂部，CSM Flacăra Moreni）升班。其時奧爾特僅以1比0領先上半場，卻於誤報莫雷尼領先比數的情況下，於下半場湊成18比0的大勝。順利升班後，球會於翌年即奪乙組聯賽錦標，迅速攀升至頂級聯賽。時任球會主席德拉戈米爾無所不用其極，而這惡名昭彰的足壇人物，其後更長居足總主席之位。

國家機器的權鬥

奧爾特的「成功」只是狐假虎威的真實故事，但其巔峰也不過是頂級聯賽第四和歐洲賽資格。真正吸引國際視野的，始終是戴拿模與星隊之爭，這也反映國家機器的內部權鬥。在壽西斯古的恐怖政治下，祕密警察的地位超然，其影響力與手段無孔不入。七〇年代到八〇年代初，戴拿模亦得以力壓星隊，統治羅國球壇。直至一九八三年，獨裁者之子瓦倫丁・壽西斯古獲軍方高層力邀下擔任主席，成為後者扭轉劣勢的關鍵。

瓦倫丁並非僅作吉祥物，反之，他以過人魄力和長時間投入球會事務聞名。他成功引進福特汽車的贊助，使之成為東歐第一家商業贊助的球會。星隊自他上任後，於一九八五年至一九八九年勇奪聯賽五連冠，並寫下一〇四場連續不敗的紀錄。當然，沒有人會漠視其姓氏和家族背景的影響力，無論是球場內外亦然。

一九八八年羅馬尼亞盃決賽，兩大宿敵上演羅馬尼亞打比。星隊於比賽末段射入2比1的奠勝入球，卻因越位而被取消，需要加時作賽。瓦倫丁被指在包廂指示球員罷賽離場，球證只能取消比賽，獎盃歸戴拿模所有。比賽翌日，黨中央直接架空一切，將冠軍授予星隊。此一事件，可說是壽西斯古時期的足球經典。

兩大班霸以權術統治球壇絕非新聞，無論是誰在權鬥中吃虧，也很難得到同情。戴拿模幾乎整個八〇年代都在竊聽星隊的辦公室，又持續干擾宿敵球星的家人。戴拿模前鋒佐治斯古（喬治斯庫）、卡馬他路（克默塔魯）和馬泰烏茨於七、八〇年代奪得歐洲金靴獎[3]，「為

在共產迫害博物館中，展示各國共產黨壓迫人民的惡行。

[3] 歐洲金靴獎，自一九六七—六八年球季開始舉辦，頒發予歐洲頂級聯賽中入球最多的球員。自一九六六—六七年球季起，獎項進行改革，不再單純計算入球數量，主要新增考慮聯賽水平的計分系統。具體而言，獎項以球員入球量乘聯賽分數作評分，歐洲足協排名首五位的聯賽為兩分，排名第六至二十二位的聯賽為一·五分，其餘為一分。

國爭光」，更是司馬昭之心。其中卡馬他路的獎項更因入球造假而最終被褫奪。

國家機器的干預，令兩隊長期雄據本地足壇，也在國際上為政權的臉上貼金。無可否認，八〇年代末的星隊是不容忽視的勁旅。球隊於一九八六年歐冠盃決賽，互射十二碼擊敗巴塞隆拿，成為屹今為止唯一奪得歐洲賽錦標的羅國球會。星隊隨即以「借用一場」的名義，從學生體育會（布加勒斯特學生體育足球俱樂部，Sportul Studențesc）借用赫傑（哈吉）[4]，即為球會帶來當屆歐洲超級盃。然而，星隊卻是「劉備借荊州，一借不回」，在不花一分一毫下，令陣容更上一層樓，並分別於一九八八年和一九八九年，再闖進歐冠盃的四強和決賽。雖然未能再染指冠軍，但仍充分反映其一流實力。歐洲賽場上的佳績，既印證星隊的貨真價實，也為羅國足球史寫上輝煌的一頁，甚至被視為壽西斯古模式中罕有的成功案例。

威權主義下的微弱火光

國家機器也許可以操控賽果，但不可能完全控制人心。不管在哪個國度，足球都能發揮凝聚作用，這也是共產黨始終忌憚足球的原因。我來到熙來攘往的北站，先到旁邊的火車博物館參觀，再前往不遠處的久萊什蒂體育場，尋訪被視為代表抗爭精神的球會——布加勒斯特迅速（布加勒斯特迅速足球俱樂部，FC Rapid București）。

4 赫傑被公認羅馬尼亞史上最佳球員，有「東歐馬勒當拿（馬拉度納）」的美譽。職業生涯曾效力星隊、皇家馬德里、巴塞隆拿和加拉塔沙雷等球隊。

迅速由一群鐵路工人於一九二三年創立，初期命名為「羅馬尼亞國家鐵路公司文化及體育協會」（羅馬尼亞鐵路文化體育協會），並逐漸發展成為國內最受歡迎的球會。二戰之後，私人擁有的球會被視為資本主義的象徵，紛紛被羅共取締。迅速因與工人組織的聯繫而倖免於難，但也被收歸交通部控制。由於大量球會「被消失」，迅速作為唯一倖存的著名球會，得到部分受害球會球員的加盟，也因而擴闊支持者的基礎。球迷原有的球會被取締，對政權的專橫不無怨恨，加上迅速作為戰前時代僅餘的聯繫，也象徵國家染紅前的光輝歲月。

兩大班霸在政權庇佑下橫空出世，不時以枱底交易（黑箱作業）換取好處，遂成迅速球迷的假想敵，對其勝之不武的手段更是恥與為伍，加上五十年代迅速的降班和沉淪，令球迷進一步遷怒於政權，認為是政權有意打壓的陰謀。

眼見迅速深得民心，政權採取收編和「去身分化」的策略，一度將球會更名為「布加勒斯特火車頭」，並與蘇聯球會進行比賽，至一九五八年始回復迅速之名。共產黨期望打造社會主義勞動階級的代表，但卻低估球迷的生命力與可能性。

迅速球迷雖然以工人階級為主，但其光譜遼闊，涵蓋各個社會階層，包括政要、藝術家、演員和名人等，成為羅國足壇中獨特的存在。球迷的共同性不僅跨越階級矛盾，更藉由集體貢獻，創造新身分。劇場演員們對球隊風格的藝術性追求，著名鋼琴家以守護大眾的黑俠梭羅（蒙面俠蘇洛）所作的比喻，一代才子歌頌敢於抗爭的詩歌，還有球隊刊物收錄來自球迷的故事和心聲，日積月累地令身分認同血肉形成，並塑造個性、注入靈魂。

堅持公義、不平則鳴和團結一致，成為迅速球迷的主流價值觀，並引伸至反特權、反建制甚至反共的意識形態。球會傳奇之死，更是將之進一步強化。綽號「國防部長」、曾經效力球隊十年的後衛丹・高爾（達恩・科埃），於一九八一年接受西方媒體訪問後，即被發現陳屍在西德住所內。球迷們拒絕相信官方的自殺之說，並普遍認定他因政治取向和批評羅共，而慘遭祕密警察毒手。高爾的「被自殺」猶如殉死，他的剛直不阿、不畏強權，化作英雄光環，成為道德模範。

足球超然於體育競技，既有價值追尋，也是社會資本。七〇年代後，政權進一步打擊自由，監控無所不在、線眼鋪天蓋地，人們生活在惶恐不安之中，連結和信任難以建立。反倒是理念相近的同路人，在迅速球迷的身分下共同經歷，編織獨有和牢固的人際網絡，在日常生活中互相幫助。即使球會一度降班，球場仍座無虛席，正是因為這種連結，回應人心深處與人連繫和互相信任的需要。

另一方面，於極權時代，球場是難得相對自由的場所。數以萬計的球迷讓監控難度大增。即使平常難以宣之於口，人們至少能藉球賽宣洩不滿，甚至借題發揮。許多即興的口號和嘲諷，在場內一呼百應。當迅速於一九六七年打破壟斷，贏得聯賽冠軍時，球迷在場內疾呼「迅速球迷並非共產黨黨員」、高唱「迅速是真正的冠軍，沒有受偏袒、沒有被優待的真正冠軍。」即使承受風險，但已是僅餘的情緒出口，看台上的口號也因而口耳相傳。當有球迷高呼：「是誰令迅速降班的？」另一邊廂球迷就高舉「壽西斯古・共產黨」的字句。當八〇年代星隊戰無不勝時，迅速球迷便高呼「我們給你達馬斯堅（達馬申），你給我們瓦倫丁（Valentin）。」[5]以諷刺星隊得到

5 球迷以押韻形式，表示願意將身為迅速的星級前鋒達馬斯堅，交換星隊的主席瓦倫丁，以諷刺後者以獨裁者之子的身分，讓星隊得到球證的偏袒。

獨裁者家族的支持。這類「擦邊球」式的嘲諷，讓迅速球迷遊走在政權的「紅線」間，成為威權主義下的微弱火光。

兩隊的壟斷不過是社會的鏡子，人們長期被謊言愚弄、受威權迫壓，實在難以忍受。也許迅速球迷不過敢於嘲諷，並未主動參與政治或組織社運，但迅速球迷文化反映人心最根本的價值追求——真誠、公義和信任，是政權無法摧毀的人性中的真善美。

妥協是扶植威權的土壤；真話為戳破謊言的武器。當看台發出一聲公義的吶喊，廣場高呼首個自由的訴求，星星之火，則可以燎原。我回到市中心的革命廣場，站在當年壽西斯古最後演說的陽台下。當年獨裁者面對東歐變天，仍胸有成竹，以為「外國勢力」之說，能為血腥鎮壓開脫，卻在直播期間大出洋相。獨裁者習慣被「小粉紅」和祕密警察包圍，從未想過場面失控。人群中突然出現第一句「打倒壽西斯古！」，反抗之聲便此起彼落，一發不可收拾。獨裁者夫婦倉皇乘直升機逃走，終被軍方活捉，匆匆審判和行刑。

我看著革命廣場內的重生紀念碑，白色的大理石柱，彷如利刃般刺穿黑色的球體狀冠冕，寓意人民衝破黑暗，成功推翻共產極權。紀念碑底部是人形雕像和死難者的名字。烈士犧牲、暴君伏法，共產倒台後，羅馬尼亞是否如願重生？

共產倒台後

從一九八九年至今，鐵幕倒台逾三十年，從社會主義到資本主義的過渡早已結束，新制度亦塵埃落定。許多年後的今天，在東歐尋訪共產歷史，是否只剩下懷古之情，甚至穿鑿附會？

離開羅國之前，我到訪大學廣場。一黨專政結束，羅馬尼亞重投民主制度，卻於首次大選時受挫。一九九〇年四月，以大學生和學者為主的示威者，在廣場一帶發起和平占領，抗議原羅共高層騎劫革命借勢奪權、操縱公共媒體和影響大選。臨時總統伊列斯古疑幕後操縱逾萬名北部礦工湧入首都，以武器襲擊示威者和外國傳媒。示威活動終以八百人死亡結束，伊列斯古於大選順利竊得總統之位，翌年礦工收入獲增加一倍。一九八九年革命並未立竿見影，威權的陰霾猶在。共產倒台後，對社會帶來甚麼影響？

羅馬尼亞之行並未給我答案，我帶著疑問走到鄰國保加利亞，足球再次帶給我啟示。眼見歐霸盃賽事舉行在即，便早早前往列夫斯基國家體育場外購票。這場索菲亞中央陸軍（索菲亞中央陸軍足球俱樂部，CSKA Sofia）主場迎戰布加勒斯特星隊，也是我首次現場參與的歐霸盃。

蘇聯模式總被移植到東歐，只是本土化過程略有不同。保加利亞軍方秉承蘇聯「老祖宗」莫斯科中央陸軍，於一九四八年建立索菲亞中央陸軍。掌管祕密警察的內政部仿效莫斯科戴拿模之路，則比較迂迴。他們將戰前最受歡迎的索菲亞列夫斯基（索菲亞列夫斯基足球俱樂部，Levski Sofia）[6]收歸其下，並一度改名為戴拿模，雖在球迷激烈反對下回復原名，後來卻又強迫球會與隸屬警察的索菲亞斯巴達（Sofia-Spartak）合併，成為列夫斯基斯巴達（Levski-Spartak），幾經易名和重組，至一九八九年賽季始回復原名。儘管細節有所差異，但在保國足

[6] 索菲亞列夫斯基由一群學生於一九一四年正式創立，以十九世紀的獨立運動領袖列夫斯基命名。

壇上演的，都是耳熟能詳的二龍爭珠劇本。

我購得門票後，便徒步往中央陸軍的保加利亞陸軍球場。球會的紀念品專賣店有別於西歐，規模很小，有點像一間士多（福利社）。店內的商品也不多，衣服、旗幟、月曆和文具等，都很便宜。我從球會正門內進，設施都很殘舊，全沒大球會的氣派。我尋遍幾座建築物也不見接待處，一時之間無從入手。

我嘗試深入鑽進每一角落，只見工場內有數位大叔在聊天。即使明知語言不通，我還是內進示好。大叔們對我熱情友善，邀請我喝烈酒，也嘗試用盡辦法溝通。後來年輕職員 Petar 加入，我也得以有效地表達來意。大家對我的寫作計畫甚感興趣，在他們的協助下，我上演一次奇遇記。

中央陸軍的奇遇

獨家參觀球會博物館

大叔們先是為我開放本已上鎖的球場，容我仔細參觀。其後，我得以在引見下接觸正式球會高層，包括球會的「體育榮耀博物館」的館長兼傳奇體育記者 Aleksandar Manov。館長是位相貌平凡、年逾八十的老翁，但不僅精神奕奕，而且記憶力驚人。他得悉我的來意後，為我開啟正在維修的博物館，還親自為我引路與介紹，Petar 則從旁協助翻譯。

博物館藏品豐富，並不止於足球的桂冠，而是中央陸軍的二十八項運動的獎項。館長像分享舊日回憶的親切老人般為我細數球會的輝煌歲月。他表示中央陸軍的盛世，是一九七五年至一九九九年。（雖然我對此頗有疑惑，真的有這麼久嗎？）他指向牆上的相片，面帶驕傲的笑容，告訴我一九五四年至一九六二年，球會實現聯賽九連霸時，如何所向披靡。七、八〇年代，球會在歐洲賽場打響名堂，曾數度打進歐冠盃八強或以上。作為國內最成功的球會，中央陸軍長年為國家隊貢獻人材，一九九四世界盃的正選陣容中，就有六名曾經或正在效力該會，甚至曾出現只有中央陸軍的球員的奧運代表隊。

博物館的面積不大，獎盃排得密密麻麻的。除了國內大小的冠軍獎盃，也有不同的小型盃賽或紀念賽。當中不乏頂級勁旅，如巴塞隆拿（巴塞隆納足球俱樂部，FC Barcelona）、皇家馬德里和巴西的聖保羅（聖保羅足球俱樂部，São Paulo FC）等。玻璃櫃內的獎盃中，以摩洛哥國王盃（摩洛哥盃）最為突出，體積龐大而精美。

館長表示因為博物館實在太小，還有許多的獎盃放在士多房內，未能展示。言畢，他即帶我參觀士多房，這裡還有多不勝數的錦標，他也難以逐一介紹。其後，館長煞有介事地展示一對球鞋，表示是史代哲哥夫（斯托伊奇科夫）當年在保國聯賽「大四喜」時所穿的。我興奮地問：「我可以觸碰一下

為我親自解說的博物館館長。

嗎？」得到同意後，便伸手觸摸這巨星所穿過的球鞋！天，太神奇了！館長珍而重之，視為至寶，這雙球鞋的鞋底仍有當年球場上的青草與泥土呢。

博物館內「供奉」著史岱哲哥夫身穿國家隊球衣的畫像，旁邊是中央陸軍的簽名球衣。回看他的球員生涯，不難明白他何以被視為永恆的傳奇。他在中央陸軍成名，曾協助球隊連奪三屆國內雙冠王。之後，他挾著歐洲金靴獎的威名，以破紀錄轉會費加盟巴塞隆拿，並勇奪聯賽四連冠佳績。他在告魯夫（克魯伊夫）旗下組成隊史上的「夢幻一隊」，並於一九九二年迎來球隊的首座歐冠盃獎座。

他在球會跟羅馬尼奧（羅馬里歐）如魚得水的組合，固然賞心悅目，但真正讓他奠定在保國足壇不朽地位的，是一九九四世界盃的神奇之旅。保加利亞國家隊在國際層面載浮載沉，談不上是決賽週的常客，但那趟美國之旅，卻令人喜出望外。國家隊先在分組賽力壓阿根廷出線，再於八強反勝德國2比1，在無人看好之下，最終摘下殿軍的佳績。史岱哲哥夫以六個入球，成為當屆最佳射手，可謂居功厥偉。他本人亦因此榮膺當屆金球獎[7]，成為保國史上第一人。他為保國足球帶來前所未有的衝擊，直到多年後的今日，我似乎仍能感到其餘震。

博物館雖然只展示中央陸軍的展品，但也可算是保國甚至東歐足球史的重要記錄。我沉浸於東歐足球的風光，自然聯想起赫傑和羅馬尼亞。這位號稱「東歐馬勒當拿」的足球巨星，與

7 金球獎由權威足球雜誌《法國足球》設立的年度最佳球員獎項，在足壇極具認受性。於一九九五年前，該獎項稱為「歐洲足球先生」。本殊榮一度只頒予歐洲國籍的球員，後改為在歐洲球會效力者，現已改制至開放予全球足球員。現時得獎紀錄保持者為阿根廷球王美斯，至二〇二二年共獲獎七次。

史岱哲哥夫可謂絕代雙驕，也堪稱東歐足球的代表人物，而其璀璨的足球生涯，亦頗有雷同。

在鐵幕時代，東歐集團的國民出入境受到極大限制，球員自然也不例外。意大利球壇對赫傑趨之若鶩，不管是AC米蘭（AC Milan）還是祖雲達斯（尤文圖斯足球俱樂部，Juventus FC），都多番向他拋出橄欖枝。傳聞祖雲達斯甚至提出在羅馬尼亞興建快意（飛雅特）汽車廠的建議，以換取赫傑的加盟[8]。然而，羅國當權者不願失去對其頭號球星的控制，堅拒讓赫傑轉會國外。與此同時，在保加利亞當局禁止二十八歲以下球員轉會國外的限制下，即使獲得西歐勁旅的招徠，史岱哲哥夫亦只能留守中央陸軍。

一九八九年東歐變天，徹底改變其足球生態。如同整個國家的經濟模式，由社會主義過渡到資本主義，球會不再得到政府部門的直接資助，急需另覓資源，在投資者和贊助商尚未出現之前，出售球星的巨額轉會費是最直接和快捷的出路。禁令撤銷加上球會莫財，令東歐各國的足球從業員一下子四散。史岱哲哥夫和赫傑分別加盟西班牙豪門巴塞隆拿和皇家馬德里。

隨著時代巨輪轉動，枷鎖得以解除，也釋放更大的可能性。一眾球員在當打之年加盟西歐高水平聯賽，帶動國家隊整體進步。兩國在一九九四世界盃不約而同地揚威世界，正是鐵幕倒台下間接所造就的成果。除了其首席球星外，其時兩國的陣容，大都在西歐球壇效力，保加利亞有士砵亭（葡萄牙體育俱樂部，Sporting Lisbon）的巴勒哥夫（巴拉科夫）、波圖（波多足球

---

8 祖雲達斯是意大利足壇班霸，位於都靈（杜林），其擁有者為政經實力雄厚的阿涅利（Agnelli）家族，家族其下的產業包括著名汽車品牌FIAT。

俱樂部，FC Porto）的哥斯達甸諾夫和漢堡（漢堡體育俱樂部，Hamburger SV）的列治哥夫等出色球員。羅馬尼亞則有AC米蘭的列度斯奧（勒杜喬尤）、熱拿亞（熱那亞板球與足球俱樂部，Genoa CFC）的彼德斯古（彼得斯古）和PSV燕豪芬（PSV恩荷芬，PSV Eindhoven）的樸比斯古（波佩斯庫）等名將壓陣。羅馬尼亞表現出眾，勇挫阿根廷，於八強戰因互射十二碼僅敗給瑞典止步，保加利亞更成為應屆最大黑馬，兩國活躍的表現一度讓世人期待東歐足球的崛起。

可惜的是，令人眼前一亮的東歐勢力卻是曇花一現。從球會歐戰成績、國家隊表現以及球星數量與質素之中可見，兩國的足球水平都在倒退。這對曾經光芒四射的難兄難弟，雙雙於九八世界盃燃盡最後的燭火。自此以後，兩國一直無緣世界盃決賽週，在歐國盃表現也乏善可陳。或者千禧年成為時代的分水嶺，當最後的麥穗收割以後，卻苦無栽培新芽的土壤，共產倒台後的苦果開始盡現。

羅馬尼亞千禧年後的著名球星，除了與毒品為伍的梅度（穆圖）外，似乎就只能數到狀態反覆的後衛捷禾（基伏），兩人自二〇〇〇年的赫傑以後，就瓜分了此後十屆羅馬尼亞足球先生中的其中七屆。而貝碧托夫（貝爾巴托夫）於二〇〇二至二〇一一年間八膺保加利亞足球先生，拋離史岱哲哥夫五度獲選的紀錄，除了證明其個人水準之外，也側面反映保國人材凋零的悲哀。

與前國腳共膳

臨別時館長送我一些球會紀念品，並向我介紹球會的首席球探基里洛夫。基里洛夫大方地邀請我一起球會餐廳用膳，並詳細解答我有關保國和足球的狀況。互相認識後，我才知道他是前保加利亞國腳，更曾跟史岱哲哥夫做隊友。天啊！我在保加利亞旅行，竟然能誤打誤撞地跟前國腳共進午餐，實在教人興奮莫名。

「近二十年間，保羅兩國的足球水平日益下降，當中的原因跟國家發展有甚麼關係嗎？」基里洛夫皺皺眉頭，思考如何回應我的疑問。他告訴我，國家經濟低迷，足球發展亦因而退步。現時國內有三至四支強隊，可是皆未符合歐洲水平。國內大部分的足球設施和基建，皆是共產時期的產物，既陳舊也過時，影響訓練以至比賽水平。而且足球設施都屬於政府擁有，沒有投資者願意注資改善，球會的發展也就遭遇瓶頸。他以中央陸軍為實例，球場由一九六七年沿用至今，已經非常殘舊，但因沒有擁有權，球會也無意大規模翻新。球會日常營運只能勉強維持，多得廣大的球迷基礎，才有較穩定收入，但欠缺投資下，始終無法突破。

中央陸軍作為班霸尚且舉步為艱，可想而知中小型球隊是如何困難。基里洛夫表示保國長年經濟低落，發展已遠遠落後其他歐洲國家，相對而言羅馬尼亞的情況要好得多。這裡只有首都有一定的工作機會，在索菲亞以外的地方要找到理想的工作是不可能的任務。

對於國家經濟發展持續不振的原因，他談及許多大局與外圍的因素，但也指出與國民的心態不無關係。無論是對共產經濟體系的懷緬，還是因當年滲入的惰性與惡習，都對社會發展帶來負面影響。他最後一句總結：「雖然整體是複雜的，但簡單來說，這裡足球發展的最大問題在於經濟與財政。」

自東歐變天後，保國國民生產總值急降逾三成。在她轉型初期苦苦掙扎之時，又被聯合國對前南斯拉夫的制裁間接拖累。於稍見曙光的數年以後，卻又因銀行體系問題而再度面臨崩潰。保國面臨毀滅性通貨膨脹的問題，並必須作出貨幣改革。即使在改革過後，經濟重回上升的軌道，但增長緩慢，加上多次金融危機的衝擊，都在打擊脆弱的保國經濟。至今，保國人民生活水平仍難比當年，失業率長居百分之十以上，亦為歐盟中平均收入最低的國家。相對而言，羅國經濟發展則理想得多，雖於初期同樣面對生產力和生活條件大幅下降的困難，但卻更有力走出低谷，並以強勁的勢頭發展，吸引大量外資，被看好為東歐新興經濟體系。

足球發展與經濟有直接和密切關係，在學術上也得到認同。羅馬尼亞的奧拉迪亞大學學者們進行的一項研究中，以一九八六至二〇〇五年的首三級別聯賽隊伍的數據作分析，以了解共產倒台前後的經濟狀況與足球發展的關係。根據其發表的〈Football and economy before and after communism in Romania〉一文顯示，位於首都或省會的球會，仍然較容易得到官方部門或地方政府的贊助，加上歐洲足協對聯賽球隊數量的規定，首兩級別聯賽的球會數量未有大幅波動。然而，該文指出經濟模式轉變對足球決定性的影響，在第三級別聯賽完全展現。

隨著共產倒台，中央主導的計畫經濟改為市場主導，過往的穩定性（和弊端）變成一系列的未知數，經歷最初期的探索後，於一九九三年前後，全國第三級別的球會數量出現斷崖式的銳減，超過半數的球會從此消失。足球於共產時期發展蓬勃，全賴中央部門、地方政府或國營企業的財政支持，但它們卻是自身難保，忙於在過渡中重組和求存。於一九九三至二〇〇〇年間，包括礦業、能源業和輕工業在內，羅國所有的工業都幾近崩潰，自然無暇推動足球發展，而生活朝不保夕的百姓更自此離開球場。當經濟轉型完成後，配合外資增加、加入歐盟等利好因素帶動，第三級別的球會數量於千禧年後有所回升，但既不穩定，亦無法跟當年相題並論。足球從來不止於大球會或頂級聯賽，而是整個國家的足球生態和人材供應鏈等重要因素。基層足球斷層嚴重，人材青黃不接，足球發展自然每況愈下。該研究雖只涵蓋羅國，但對經濟情況更嚴峻的保國，亦具參考作用。

基里洛夫所言非虛，但恐怕未能覆蓋事實之全部。東歐足球的困難，並非單純的經濟不景，更包括政治和社會因素。在社會劇變和經濟過渡中，無論是個人、政黨或地區都出現權力洗牌的現象。兩國於共產時期的公民社會發展滯後，欠缺如捷克的哈維爾等異見分子，也沒有如波蘭的團結工會，無人有力接手權力真空，不少昔日共黨高層與祕密警察仍身居要職，在位者不是尸位素餐，便只顧中飽私囊。一九八九年的改變，並未吹糠見米，被視為不完整的革命。國家資產在私有化的過程中，被機會主義者巧取豪奪，形成一群品德惡劣但財雄勢大的新經濟精英。足壇牽涉數之不盡的權力和利益，自然也成為這些罪犯的溫床。許多一夜暴富的不法商人藉機入主球會，他們對足球發展毫無興趣，只視之為洗黑錢或斂財工具。羅馬尼亞足協的米爾恰・桑杜和保加利亞足協的伊萬・斯拉夫科夫，皆因涉貪而臭名遠播，卻都分別長居主席之位，壓根兒是社會的縮影。

兩國的社會問題，如種族歧視、幫派暴力和黑箱作業，也自然地在球壇一覽無遺。種族歧視橫行無忌，足總長年視若無睹。禁藥和毒品則如暗流湧動，即使有年輕球員懷疑因此而暴斃，卻仍未得到正視。於極權年代以操控球賽聞名的羅馬尼亞，仍是怙惡不悛。於九十年代爆出假球醜聞，由十幾家球會組成名為「Cooperativa」（合作）的利益集團，十年來串謀操控賽果，確保其成員不會降班。

可悲的是，共產時期的扭曲和劣根性，仍然刻劃在不少人的思想與意識之中。過往的社會氣氛下，養成官僚主義、得過且過和墨守成規的歪風，不僅依循跟世界脫軌的足球訓練和戰術，為保存既得利益，甚至還杯葛和唾棄力求改善的小眾。威權時代也滋生出犬儒主義，人們認為既然無力改變，不如視若無睹、噤若寒蟬，甚至同流合污。當社會都習慣虛假，人與人之間的信任瓦解，形成惡性循環。

正當基里洛夫需要準備工作時，大叔們亦催促我回去相聚。我回到工場跟大叔們把酒，透過 Petar 的翻譯，談得有說有笑的。Petar 同意足壇的困難離不開經濟，他表示自己已經三個月未得分毫的薪水。他苦笑道：「你說這是怎樣的情況？」拖欠薪金在保國十分普遍，各行各業也時有發生。他表示普遍工作只有平均約四百歐元左右的薪金。拖欠薪金、收入偏低、工作發展有限和失業率高等，都是勞動力市場的反映。我們由經濟談到種族主義，巴爾幹有太多的糾紛與衝突，但比起所謂的國仇家恨，不如杯酒言歡，一笑置之。大叔們知道我長期獨行，更示意要為我找個女伴，我看著牆上裸女海報……旁邊的各個名宿，頓感親切，這球會的上下都充滿人情味。

「咦，你不是正在上班的嗎？」幾杯過後我突然醒悟地說。「他們三個月也未支薪給我，我躲懶一會也不為過吧？」我們都笑了，工場內又再觥籌交錯。

歐霸賽事

夜裡我懷著期待進場，國家球場座無虛設，有些球迷刻意地打扮，紅白假髮，身披會旗的都有。一片紅海中，所有人都引頸以待。中央陸軍在主場展開反擊戰，以求收復首回合的失地，但卻是有心而無力。真正能造成入球機會的埋門，實在是寥寥無幾。儘管球迷偶爾有節奏地唱著：「CSKA...Oh......CSKA...Oh......」支持球隊。球員卻只能把鼓勵聽在耳中，未見改善。主看台的球迷開始點燃煙火，紅紅的焰火熾熱球場的氣氛，同時讓消防與警察忙過不停。可惜主隊進攻混亂無章，防守風聲鶴唳，相對而言，雖然星隊多數被圍攻，但其反擊更具威脅，無奈卻總是失之交臂。事實上，兩軍的表現也難言精彩，傳球質素有限，解圍不夠清脆，前中後都失誤頻頻。相比之下，看台上的熱情比球場上的表現，更接近歐洲最高水平。索菲亞中央陸軍與布加勒斯特星隊，兩國昔日同屬軍方的勁旅，今天已是大為失色、黯淡無光。

我想起下午參觀球場時，作客區域被列夫斯基球迷燒焦的座位，還有那位與宿敵球迷衝突、被打斷鼻梁的中央陸軍球迷。「永恆打比」依舊火花四濺，但今非昔比的東歐足球，是否只剩下熱情，甚或僅餘過激的仇恨？

近年墮進谷底

赫傑於一九九八年曾經指控羅馬尼亞足球千瘡百孔、命不久矣。他的言論雖然備受批評，但卻並非危言聳聽。全世界都在見證兩國的足球衰亡，但其土崩瓦解卻比想像中更為徹底。

布加勒斯特星隊自成立起，一直為國防部所擁有，直至一九九八年始將足球部重組及進行私有化。在球會財務危機下，富商兼極右政客比卡利（貝卡利）[9]乘勢入主，將球會由非牟利組織改為上市公司，並於二〇〇三年全面收購。十年後，國防部提出訴訟，聲稱從未放棄球會名稱和品牌商標等所有權。軍方指當年改組的足球部屬非牟利性質，僅在允許下行使品牌使用權，根本無權出售星隊之名。二〇一四年，法庭裁定軍方勝訴，比卡利的球會不得使用任何星隊的符號。球會只能遮蔽所有星隊的名稱和徽章，赫然成為「沒有名字的球隊」。三年後，球會以FCSB（FCSB足球俱樂部，Football Club Steaua București）之名重新註冊。同年，軍方以星隊之名重新建立一家球會，並在第四級別聯賽起步。對於過去的榮譽、獎盃和輝煌歷史的繼承權，雙方至今仍爭議不休。這場罕見的身分危機，也導致球迷間的嚴重分裂。

九〇年代中後期，羅馬尼亞許多體育會開始將足球部分拆出售，除了星隊，也包括交通部的迅速。富商兼政客喬治・科波斯於一九九三年開始接管迅速，儘管其在位的二十年間曾經帶來佳績，但這位老闆最終還是將球會拖進泥沼。迅速因財務問題而破產及降班，而身陷欺詐和貪汙官司的科波斯也鋃鐺入獄。即使球會易主，卻已是負債累累，並於二〇一六年被迫解散。數名迅速傳奇球員和該區市長，組建新球會Academia Rapid București，自第四級別聯賽出發，終

9 比卡利因其極右思想而臭名遠播，他經常發表種族和性別歧視、恐同和仇外意識的言論。他於一三年因涉嫌非法土地交易、綁架和貪污等罪名被捕，被判刑三年。於共產倒台後，他以非法土地交換的形式獲得大量財富，據說他與國防部簽署文件時，甚至以不屬於自己的土地作交易。

透過在拍賣會購得母會的品牌使用權，以凰鳳球會（鳳凰俱樂部，Phoenix club）的形式使這隊老牌球隊重生。

無論是前共黨官員、暴發戶、不法商人或幫派頭目都爭相染指足球，捏造假帳、虧空公款、貪汙舞弊，到利益耗盡，便轉手離開。許多球會在這各類人手中輪轉，管理不善，負債累累。布加勒斯特戴拿模十年內兩度破產，並於二〇二一年降班到次級聯賽。學生體育會和布加勒斯特國家足球俱樂部（FC Național București）等國內傳統球會亦走上相同的破產和解散之路。

另一邊廂，保加利亞的情況也絕不樂觀。列夫斯基背負前班主的債務，進一步加劇財務危機。索菲亞中央陸軍則更是如履薄冰，擁有權頻頻易主，但財困卻從未改善，曾試過被禁止參加歐洲賽事，更一度墮進業餘聯賽，甚至引發球迷另組新球會與之抗衡。[10]

或許正如基里洛夫所言，發展足球需要資金。然而，當兩國的知名球會幾乎無一倖免地出現欠債危機，或是破產後又再借屍還魂，都說明制度出現問題。即使經濟向好，都無力解決根本性問題，最重要的是社會整體的質變和覺醒。無論是足球、民生還是公義，兩國要走的路，還是非常漫長。

10 一群球迷不滿班主格里希・甘切夫先於二〇一五年解散球會，再以旗下另一家球會利特克斯足球俱樂部（Litex Lovech）用「借屍還魂」的方式改名為「中央陸軍」。這些球迷於二〇一六年自發成立索菲亞１９４８中央陸軍足球會（FC CSKA 1948 Sofia），聲稱是球會的真正繼承者。索菲亞１９４８中央陸軍足球會自第四級別聯賽一路攀升，僅用四年時間便躋身頂級聯賽，兩家「中央陸軍」之名的球會成為另類的宿敵之爭。

坐落保加利亞的里拉修道院（Rila Monastery）始建於十世紀。

羅馬尼亞北部城市錫蓋圖馬爾馬切伊（Sighetu Marmației）的木教堂群被列入世界文化遺產。

譯名表

香港譯名	台灣譯名	外文	外文暱稱／縮寫
斯托克	布蘭姆・史托克	Bram Stoker, 1847-1912	
弗拉德三世	弗拉德三世	Vlad III Drăculea Țepeș, 1431-1476	
德古拉伯爵	德古拉／卓九勒	Dracula	
《德古拉》	《卓九勒伯爵》	*Dracula*, 1897	
布蘭城堡	布蘭城堡	Castelul Bran / Bran Castle	
布加勒斯特	布加勒斯特	Bucharest	
壽西斯古	尼古拉・西奧塞古	Nicolae Ceaușescu, 1918-1989	
羅馬尼亞議會宮	羅馬尼亞議會宮	Palatul Parlamentului	
統一大道	烏里尼大道	Bulevardul Unirii	
布加勒斯特星隊	布加勒斯特星隊足球俱樂部	Fotbal Club Steaua Bucureşti	FC Steaua Bucureşti
布加勒斯特戴拿模	布加勒斯特迪納摩足球俱樂部	Fotbal Club Dinamo București	FC Dinamo Bucureşti
國家體育場	國家體育場	Stadionul Național	
-	斯科爾尼切什蒂	Scorniceşti	
-	奧爾特斯科爾尼切什蒂	Olt Scorniceşti	
-	瓦西列・伯爾布列斯庫	Vasile Bărbulescu, 1933-1991	
-	奧爾特斯科爾尼切什蒂足球俱樂部	Fotbal Club Olt Scorniceşti	FC Olt Scorniceşti
莫雷尼	莫雷尼火焰體育俱樂部	Club Sportiv Municipal Flacăra Moreni	CSM Flacăra Moreni
-	杜米特魯・德拉戈米爾	Dumitru Dragomir, 1946-	
瓦倫丁・壽西斯古	瓦倫丁・壽西斯古	Valentin Ceaușescu, 1948-	
福特汽車	福特汽車	Ford Motor Company, 1903	Ford

香港譯名	台灣譯名	外文	外文暱稱／縮寫
佐治斯古	杜杜・喬治斯庫	Dudu Georgescu, 1950-	
卡馬他路	羅迪翁・克默塔魯	Rodion Cămătaru, 1958-	
-	多林・馬泰烏茨	Dorin Mateu, 1965-	
學生體育會	布加勒斯特學生體育足球俱樂部	Fotbal Club Sportul Studențesc București	FC Sportul Studențesc
赫傑	格奧爾基・哈吉	Gheorghe Hagi, 1965-	
-	久萊什蒂體育場	Giulești Stadionul	
布加勒斯特迅速	布加勒斯特迅速足球俱樂部	Fotbal Club Rapid București	FC Rapid București
羅馬尼亞國家鐵路公司文化及體育協會	羅馬尼亞鐵路文化體育協會	Asociația Culturală și Sportivă CFR	
布加勒斯特火車頭	-	Locomotiva București	
黑俠梭羅	蒙面俠蘇洛	Zorro	
丹・高爾	達恩・科埃	Dan Coe, 1941-1981	
達馬斯堅	約瑟夫・達馬申	Iosif Damaschin, 1963-	
大學廣場	大學廣場	Piața Universității	
伊列斯古	揚・伊列斯古	Ion Iliescu, 1930-	
列夫斯基國家球場	瓦西爾・列夫斯基國家體育場	Vasil Levski Stadion	
索菲亞中央陸軍	索菲亞中央陸軍足球俱樂部	Professional Football Club CSKA Sofia	CSKA Sofia
索菲亞列夫斯基	索菲亞列夫斯基足球俱樂部	Professional Football Club Levski Sofia	Levski Sofia
索菲亞斯巴達	-	Sofia-Spartak	
列夫斯基斯巴達	-	Levski-Spartak	
保加利亞陸軍球場	保加利亞軍隊體育場	Balgarska Armia Stadion	
巴塞隆拿	巴塞隆納足球俱樂部	Futbol Club Barcelona	FC Barcelona
巴西	巴西	Brazil	
聖保羅	聖保羅足球俱樂部	São Paulo Futebol Clube	São Paulo FC
摩洛哥國王盃	摩洛哥盃	Coupe du Trône	

香港譯名	台灣譯名	外文	外文暱稱／縮寫
史岱哲哥夫	赫里斯托・斯托伊奇科夫	Hristo Stoichkov, 1966-	
告魯夫	約翰・克魯伊夫	Johan Cruijff, 1947-2016	
羅馬尼奧	羅馬里歐	Romário de Souza Faria, 1966-	
金球獎	金球獎	Ballon d'Or	
AC米蘭	AC米蘭	Associazione Calcio Milan	AC Milan
祖雲達斯	尤文圖斯足球俱樂部	Juventus Football Club	Juventus FC
快意	飛雅特	FIAT	
士砵亭	葡萄牙體育俱樂部	Sporting Clube de Portugal	Sporting Lisbon
巴勒哥夫	克拉西米爾・巴拉科夫	Krassimir Balakov, 1966-	
波圖	波多足球俱樂部	Futebol Clube do Porto	FC Porto
哥斯達甸諾夫	哥斯達甸洛夫	Emil Kostadinov, 1967-	
漢堡	漢堡體育俱樂部	Hamburger Sportverein	Hamburger SV
列治哥夫	列治哥夫	Jordan Letchkov, 1967-	
列度斯奧	弗洛林・勒杜喬尤	Florin Răducioiu, 1970-	
熱拿亞	熱那亞板球與足球俱樂部	Genoa Cricket and Football Club	Genoa CFC
彼德斯古	丹・彼得斯古	Dan Petrescu, 1967-	
PSV燕豪芬	PSV恩荷芬	Philips Sport Vereniging	PSV Eindhoven
樸比斯古	格奧爾基・波佩斯庫	Gheorghe Popescu, 1967-	
梅度	阿德里安・穆圖	Adrian Mutu, 1979-	
捷禾	克里斯蒂安・基伏	Cristian Chivu, 1980-	
貝碧托夫	迪米塔爾・貝爾巴托夫	Dimitar Berbatov, 1981-	
基里洛夫	羅森・基里洛夫	Rosen Kirilov, 1973-	
奧拉迪亞大學	奧拉迪亞大學	The University of Oradea	
-	米爾恰・桑杜	Mircea Sandu, 1952-	
-	伊萬・斯拉夫科夫	Ivan Slavkov, 1940-2011	

香港譯名	台灣譯名	外文	外文暱稱／縮寫
比卡利	喬治・貝卡利	Gigi Becali, 1958-	
-	喬治・科波斯	George Copos, 1953-	
凰鳳球會	鳳凰俱樂部	Phoenix club	
-	布加勒斯特國家足球俱樂部	Fotbal Club Național București	FC Național București
註腳			
卡羅爾二世	卡羅爾二世	Carol II, 1893-1953	
歐洲金靴獎	歐洲金靴獎	European Golden Boot	
馬勒當拿	迪亞哥・馬拉度納	Diego Armando Maradona, 1960-2020	
列夫斯基	瓦西爾・列夫斯基	Vassil Levski, 1837-1873	
《法國足球》	《法國足球》	*France Football*, 1946	
都靈	杜林	Turin	
阿涅利	阿涅利	Agnelli	
-	格里希・甘切夫	Grisha Ganchev, 1962-	
-	利特克斯足球俱樂部	Bulgarian professional football club based in Lovech	PFC Litex Lovech／FC Lovech
-	索菲亞1948中央陸軍足球會	Football Club Central Sports Club of the Army 1948 Sofia	FC CSKA 1948 Sofia

第五章　獨樹一幟：土耳其

第二宗教／

足球如何堪稱土耳其的第二宗教？

「你對土耳其有何印象？」不少從未到訪的人可能會形容為「落後」、「神祕」、「回教」[1]，或者更多人是毫無概念。然而，許多到訪過的朋友都對她改觀，甚至讚口不絕。因為資訊所限，陌生國度往往被貼上標籤，更顯得旅行與開放的重要。

相同的問題，球迷可能有不同的回應。「地獄主場！」相信是最多球迷的回覆。「土耳其地獄主場」的傳說，也是我到訪本國的研究課題之一。到底所謂的地獄球場的真相為何？足球如何堪稱土耳其的第二宗教？

相傳是亞伯拉罕（Abraham）故鄉的尚勒烏爾法（Şanlıurfa），是土耳其東南的重要宗教城市。

1 在中國境內，因大部分回族人為穆斯林，故不少人慣稱伊斯蘭教為回教。然而，在我個人旅行經歷中，不少穆斯林對以借代形式更改其宗教之名有所不滿，故本人總會稱之為伊斯蘭教。

地獄惡名的由來

土耳其足球的地獄之說，早見於一九九三年。當年曼聯作客加拉塔沙雷（加拉塔薩雷體育俱樂部足球隊，Galatasaray）[2]的遭遇，為土耳其烙下「地獄」的形象。當曼聯職球員抵達伊斯坦堡機場，赫然發現數百名主隊球迷已嚴陣以待。他們對客隊不斷叫囂「無路可走！（No way out!）」，有人做出割喉手勢，也有人展示恐嚇式標語，包括「這就是末路」（This is the end of the road）和最著名的「歡迎來到地獄」（Welcome to hell）。部分激進球迷持續向職球員施壓，甚至向曼聯隊巴擲物。即使曼聯職球員抵達酒店後，仍被球迷戶外叫囂或不明電話騷擾等行為影響休息。

早於開賽前八小時，大量球迷已在主場阿里・薩米揚球場「伺候」。球場內的「歡迎來到地獄」大型標語、照明彈、煙火和雷動的叫聲，為客隊帶來巨大的壓力，尤其對陣中的年青球員更是十分震撼，不少人形容這是其球員生涯中遇過最具敵意的遭遇。

由於加拉塔沙雷首回合作客迫和曼聯3比3，在主場悶和客隊後，成功以「作客入球優惠」晉級。曼聯皇牌簡東拿（坎通納）因不滿球證而最終被逐，陪同他前往球員通道的警察竟借機從後襲擊，幾乎引致曼聯與警察間的衝突。賽後，英國傳媒大肆遣責這一系列的野蠻行

---

2 加拉塔沙雷位於伊斯坦堡，是土耳其球壇「三巨頭」之一。「Galatasaray」意即位於加拉塔區的宮殿，球會由加拉塔沙雷高中的學生於一九〇五年成立。

為，而「Welcome to hell」的新聞相片和「地獄之說」則成為多年來土耳其足球的代名詞。

數年之後，土耳其足球的惡名達到另一個層次。二〇〇〇年，歐洲足協盃四強賽事，列斯聯（里茲聯，Leeds United）作客加拉塔沙雷。比賽前夕，伊斯坦堡市中心發生嚴重球迷衝突，終釀成兩名列斯球迷被殺的流血悲劇。《*Welcome to Hell?: In Search of the Real Turkish Football*》（2018）作者麥克馬納斯透過法庭文件、傳媒報導和親自訪問等形式，試圖重構事件的始末，卻發現猶如「羅生門」，眾說紛紜下，真相難以全然確定。土耳其傳媒傾向指控死者或同伙為足球流氓，甚至指責英國流氓作出侮辱性舉動，試圖模糊事件的嚴重性和罪責。如同當年曼聯的比賽，當地傳媒和公共機構的態度，是個別人士的劣行外，最為人垢病的地方。當年一百六十四名曼聯球迷早於比賽前夕被警方驅逐出境，而列斯球迷喪生後，當地傳媒不僅傾向為罪行狡辯，甚至煽動仇恨，而法院和警方對事件的處理和積極性亦受到質疑。

這兩場牽涉加拉塔沙雷的賽事，令近代土耳其足球跟「地獄」掛勾，也影響土耳其的國際聲譽。

到訪「地獄之門」

當我來到伊斯坦堡後，也打算造訪阿里・薩米揚球場。然而，這個以球會創辦人命名、曾經令無數勁旅喪師的球場，已於二〇一一年清拆。雖然「地獄遊」無法成行，但我仍走訪它的舊址附近，並發現一間官方紀念品店。店長是老球迷，也是球會的「中年組」球員。他對於

「地獄主場」之名另有見解，表示加隊球迷以熱情著稱，強烈的焰火與煙霧，加上響聲震天的歡呼與倒采，營造出強大壓迫感，而自稱為「地獄」，則是為作客對手更添壓力。適逢遇上球會友賽利物浦，正好讓我參觀新球場並感受其熱情。雖然我沒有門票，但店長也建議我往碰碰運氣。

我乘坐地鐵到達時，距離開賽尚有兩個半小時，但已有大量球迷聚集。人潮如水流湍急，轉眼把我送到球場外。尚未進場，已見人群高舉旗幟，拉開橫額，甚至已在施放焰火。售票處人群聚集，水洩不通，根本無從入手。我從遠處聽到人大聲咆哮，甚至有人攀上高處，拍打售票處的窗口，令人望而生畏。雖然後來有「黃牛黨」主動兜售，卻我因感價格太高而只好放棄。

無法進入「新地獄球場」，確是有一點可惜，卻原來好戲在後頭！我跟到場的球迷方向相反，幾經艱苦才逆流到達月台。列車到達時，球迷一湧而出，如一陣旋風吹過，密密麻麻的車廂即空空如也。我暗地叫好，誰知一進去，噢！不得了。車廂中的汗臭與熱氣持續不散，如同汗水桑拿，難受得很。

一波未平，一波又起。列車甫到達轉乘站，月台上等候的人已緊貼車廂玻璃，開門後便一發不可收拾。人群如喪屍，又如猛獸，緊緊地壓向玻璃，甚至大力拍打，彷若噬人的氣勢。車門一開，他們一湧而至，我慘被擠壓，要強行硬闖才勉強殺出血路。離開「險境」後，我為著這種近乎瘋狂的體驗而笑得合不攏嘴。我難以明白，為何友賽也會如此激動？

我到達塔克辛（塔克西姆）廣場後，幾乎每家直播酒吧都聚滿球迷。酒吧的氣氛不比球場，但仍然熾熱。每次攻勢、進球，都能聽見來自四方八面的吵鬧與歡呼。侍應、顧客、男女老幼，無一不注意螢幕。足球將全場連繫起來，同聲高呼、一起振臂、齊心咒罵、互報微笑。最終加隊3比0技術性擊敗利物浦，街上的人都很興奮。雖然無法進場，感受「地獄」的威力，但闖進地鐵的經歷，徘徊球場外的觀察，已可算是到達「地獄之門」了。

土耳其式熱情

雖然土耳其足球的聲譽不佳，但我在旅程中對土耳其人感覺非常正面。如果只能簡單地介紹土耳其人，我會選擇以一個職業為代表，就是「土耳其雪糕（冰淇淋）販賣者」，我親切地稱之為「雪糕仔」。

雪糕仔身穿傳統背心，紅或黑的底色使金線綉花格外明顯，偶爾戴著帽飾，手執長棍，形象鮮明。他們的小攤檔（路邊攤）內設冰櫃，前方置有三個配有金屬蓋的圓筒，分別裝有不同口味的雪糕。質感黏黏的土耳其雪糕，跟雜耍一般的棍法，是雪糕仔的獨門祕方。雪糕仔時而弄出整團雪糕，時而如孫悟空舞動金鋼棒般，動作千奇百怪，唯獨不變的是臉上的笑容。他們在售賣過程中以近乎雜耍方式，跟客人開玩笑，令客人遲遲拿不到雪糕。他們提供的不僅是雪糕，更是一種表演、文化以及讓彼此重拾童心的歡樂氣氛。每當我看到身穿傳統服飾、舞動乖巧的長棍，愛捉弄人的輕鬆幽默，還有臉上親切笑容的雪糕仔，都覺得他們最接近我心目中的土耳其人——友善、熱情、幽默愛玩。

土耳其人的友善，如同整個國家對你張開懷抱。我在土耳其經常得到當地人的協助，只要懂得說一句「Merhaba」（你好）打招呼，必然會得到更多親切笑容和回應，甚至因而交朋結友。我在海邊小鎮奧林波斯（奧林帕斯）一住便是兩星期，依戀延綿狹長的石灘、投入清澈見底的海洋、醉倒風光如畫的山水、難忘牽動人心的日出。停留奧林波斯的原因太多，其中之一是這裡真摯的人情味。我跟許多住處職員都建立了淡然的親近，特別是廚房的職工們。他們英語程度有限，但總是想跟我聊天，忙碌時仍會在進出間輕碰忙於寫作的我，親切而不煩人。

土耳其的熱情遍布全國，每天都有人向我攀談搭訕，但是他們沒有咄咄逼人的壓力，好奇主動之餘，還是懂得一點人情世故。我曾多次在各地食肆（餐廳）被老闆請客，也試過有人送上街頭小吃，全都來自陌生人的好意。

土耳其人總是臉帶笑容，除了因為友善熱情，也因為風趣幽默。跟他們的相處總是輕鬆的，三不兩句都是開玩笑。例如我買啤酒時，士多老闆聲稱要多收開瓶費。友人對賣藝人、雪糕仔以至途人拍照時，對方聲言要收費逾百歐元。我在住處多留半天被要求額外費用等實例中……全都以對方先禁不住發笑，大力地拍打我的肩膀告終。或許有人會認為他們是半開玩笑，帶點機心的但試無訪。可是，我曾經遇過一位擦鞋師傅煞有介事地向我招生意，我看著他大笑了，他也報以微笑。因為我那時正穿著拖鞋！另一次深刻體驗，是我在市集跟一位男士四目交投，互報微笑，擦身過後，他以身上棍子輕打我的腳跟。我回望之時，看見這位四十來歲大叔的鬼馬笑臉，竟跟在旁噴水池玩耍的孩子同出一轍。

他們的幽默也在足球層面中呈現。我在奧林波斯的日子，認識了兩位比錫達斯（貝西克塔什體操俱樂部，Beşiktaş）[3]的女球迷，令我對土耳其足球文化有更深了解。他們說起比錫達斯，立時眉飛色舞，興奮莫名。她們表示支持比錫達斯的原因之一，是球會支持者善待女生，在現場看球賽時倍感體貼和安全。她們形容伊斯坦堡只有「一個大球會和兩個小球會」，明貶同市宿敵加拉塔沙雷和費倫巴治（費內巴切體育俱樂部，Fenerbahçe），雖然前者在成績上遠不及後兩者，但這種偏愛卻教人哭笑不得。

球迷的嘲諷文化盛行，有時句句錐心，有時低俗下流。兩位友人跟我分享本地球迷的經典惡作劇，將名曲〈往日時光〉（Those were the Days）改詞惡搞成〈Fenere opera〉。〈Fenere opera〉的出處源自一場雙方對壘的賽事中，一位著名球迷鶴立雞群，聲嘶力竭地開展，隨即越來越多人高唱，最終響遍全場。自此以後，網上熱播，仿傚者眾，成為比錫達斯球迷的一大特色。文字無法形容箇中趣味，只有網上欣賞，才能放聲大笑。片段往往由一人領唱，突然不知從何處跑出許多人加入，並且越唱越快。我後來才知道〈Fenere opera〉的歌詞，多是粗鄙不堪的汙言穢語，但這卻正是其趣味所在。正是因為比錫達斯球迷紛紛教外國人高唱，讓不懂土耳其語的外人大唱粗口歌，跟宿敵和歌唱者大開玩笑。他們以此為樂，甚至以世界地圖標記各地錄像，顯示已傳遍六大洲，教人忍俊不禁。這就是土耳其球迷，他們幽默有趣、深具創意、酷愛足球，甚至會為每場大賽特意編曲作詞。

3 比錫達斯成立於一九〇三年，唯自一九一一年始有足球部，位處伊斯坦堡比錫達斯區，為國內「三巨頭」之一。

熱情帶來意外收穫

因為兩位友人的關係，我對比錫達斯的興趣更濃，便來到伊諾努球場。球場蹲坐在博斯普魯斯海峽（伊斯坦堡海峽）旁，跟亞洲區隔岸對望。據說每逢主場作賽，歡呼聲響遍四周，甚至連亞洲區也能聽見。比錫達斯球迷以自身熱情自豪，他們曾於二〇〇七年主場大戰利物浦時，創下一百三十二分貝的世界紀錄。我向紀念品店職員表明身分和來意，竟得到球會高層的接待。冒昧的舉動，真摯的熱誠，為我帶來激動人心的奇遇。

球會職員為我引見球會官方電視頻道BJKTV，他們得知我以足球為旅行主題，也對我深感興趣。BJKTV的女主播阿塔索伊英語流利，平易近人。我們傾談一會兒後，感覺更彷似朋友交談，笑聲不斷。

她表示伊斯坦堡坐擁「三巨頭」，它們在國內的受歡迎程度遍布各地，共占全國八成的球迷支持。球迷選擇球會的原因，大多因為家庭因素，猶如宗教般耳濡目染和承傳，地點和階級的重要性則相對其次，因此就算遠在首都安卡拉或海邊城市伊茲密爾（伊士麥），也有「三巨頭」的球迷。當然，足球也有地區性，例如黑海附近就有較多特拉布宗體育俱樂部（Trabzonspor）[4]的球迷。

4 特拉布宗體育俱樂部，位於黑海城市特拉布宗（Trabzon），於一九七六年首次奪得頂級聯賽冠軍，為伊斯坦堡以外，國內足壇最大的傳統勁旅。

我詢問阿塔索伊對土耳其整體足球的看法，尤其是以熱情見稱和「第二宗教」的說法。她說：「足球是我們的生命！」一句清楚不過的回應。她說足球在土耳其的地位非比尋常，極為重要。即使籃球被視為第二受歡迎的運動，但不可同日而語。她難以解釋土耳其人深愛足球的原因，因為一切都彷彿已成為習慣了。

我們的話題，由球會到整體足球氣氛、伊斯蘭教的地位以至經濟發展和身分認同等，都詳細討論。阿塔索伊甚至笑言，即使她身處足球圈，又是土耳其人，也沒有思考或探討至這個程度。我們喋喋不休，甚至忘了時間，後來更從離身社會話題，到互相了解對方的生活，一談就是數多的小時。這段緣分帶領的情誼，從深入話題中層層建立，在欣賞認同中漸漸鞏固，彌漫辦公室之中，久存記憶的寶箱之內。

BJKTV的眾人對我這位旅人既感興趣，亦覺神奇，隨即邀請我作一則簡短訪問，在其電視頻道上播出，以分享我的足球與旅行之夢。我換上他們準備的球衣，在球場中央作出控球動作，活像球星加盟的儀式。我簡直難以置信，自己冒昧的攀談，竟然變成在著名球場展示球技，甚至在電視頻道上亮相。無奈身為守門員的我腳法有限，出糗多於表演。與其自暴其短，不如發揮所長。我遂要求阿塔索伊向我拋出皮球，讓我飛身撲救。「感覺好多了。」此刻渾然忘我，享受空中停留的半秒，感受倒在草地的質感。攝影師見我奮力演出，更說：「我真的很喜歡這小伙子。」我在訪問中表達對足球和旅行的信念，希望可以觸動更多人。

離開之時，我的心仍然激動不已。以足球為主題的旅行，讓我有機會跟本地人深度交流、了解本國的社會文化、結交特別的新朋友、獨家參觀球場、甚至還在電視頻道出鏡，深度與驚喜並重。破除僵化的制度，友善的接待，坦誠的交流，土耳其總是充滿著人情味，我對此深懷感恩。

回想那兩起「地獄」往事，固然值得譴責，尤其暴力問題必須嚴肅面對，但卻不代表其全貌。於球迷客死異鄉事件後僅半年，列斯再度作客伊斯坦堡，在眾多安全措施和比錫達斯禮待下，列斯的職球員和球迷普遍對東道主讚不絕口。其後多年來，不論是球會歐戰，或是主辦大賽[5]，伊斯坦堡已鮮有暴力醜聞。

地獄之說，多少與標籤化甚至妖魔化有關。許多人面對不熟悉的事物，如果先入為主，不求甚解，便容易令誤會分歧加劇。土耳其被標籤化的，除了足球，或者也包括宗教。

土耳其特色的伊斯蘭教

土耳其人口中逾九成八為穆斯林，無可爭議地被視為伊斯蘭國度。有趣的是，許多人都曾經分享其獨有的宗教特色，也有說「土耳其是最接近西方文明的伊斯蘭國家」。這引發我無限的興趣，要了解土耳其的宗教的影響與地位。

土耳其的伊斯蘭教，感覺並不明顯強烈。除了參觀清真寺外，宗教談不上在土耳其旅行的主角。有時我會因為他們西化的生活方式，忘卻其宗教身分，只有宣禮塔的禮拜聲和偶爾穿戴

[5] 伊斯坦堡座擁多個現代化球場，近年積極主辦大賽，包括二〇〇五年歐聯決賽、二〇〇九年歐洲足協盃決賽、二〇一九年歐洲超級盃和二〇二三年歐聯決賽等。

頭巾的女性，不時提醒我一下。相對其他伊斯蘭國家，這裡的宗教是那麼不占據眼球。

這不代表宗教欠缺地位，只反映本土特色的宗教與生活的平衡。在土耳其，女士可以駕駛、身居高位，也會主動接觸我，跟我握手。即使清真寺的揚聲器傳來禮拜的音樂，大部分人都不會因而停止活動，進行祈禱。店鋪出售的啤酒，女士花枝招展的衣著，都跟許多人心中的伊斯蘭社會大相逕庭。可是，在互動之間，仍然能看見宗教的影響力，最明顯的是其教義中的好客之道，絲毫不遜其他國家。

以番紅花城小巷的相聚為例，我跟當地青年始於攀談的聊天，歷時數小時後仍意猶未盡，便相約改天到酒吧舉杯促膝。友人分享個人私生活，對自己失望之餘，亦自言並非理想的穆斯林。他聞見禮拜聲時，便立即放下酒杯，待廣播完結後才又再暢飲。他笑言：「至少保留最基本的尊重吧？」我們都笑了。

然而，並不是每一位土耳其穆斯林都酷愛杯中物，特別是大城市以外的地區，伊斯蘭氣氛仍舊濃厚。正如我在番紅花城以北的阿瑪斯拉旅行時，跟朋友在海旁喝酒聊天。友人說：「我首次看到有酒出售的地方，只有我們幾個旅客喝酒。」國內仍然有很多虔誠守規的信徒，只是他們對於他人的選擇，比較包容接納。

喝酒議題為我打開宗教特色的大門。在一次跟兩位女球迷的聚會中，我向她們詢問本地伊斯蘭教的特色，了解宗教對人心的重要性。討論熾熱之時，我突然想起：「對了，妳們是穆斯林嗎？」她們剛好舉杯暢飲，還深深地讚嘆著：「太美味了！冰凍的啤酒簡直是人生最好的享受。」我沒有打擾她們的興致，她們再喝兩大口，說：「對，我們是穆斯林。」這畫面還真是戲劇性。她們說：「我們相信宗教、真主、伊斯蘭，但不會堅守所有宗教規則。因為要完全以伊斯蘭教規生活實在太難了。」因為工作的關係，許多人並沒有一天祈禱五次。她說：「宗教也要順乎人性吧！例如……喝酒！」我們哈哈大笑，碰杯共飲。「只要知道節制便好了。」她補充說。

在她們心中的宗教是靈活的，因為環境變遷，宗教也應與時並進，不能墨守城規，依循千年前的教義。她表示自己並非無視或挑戰教規，只要知道自己的行為，了解自己所為何事便好。她說宗教最重要的，並非教義或身分。只要心中有神，待人至善至誠，即使不循規蹈矩，亦可以是最好的信徒。朋友言簡意賅，一語中的：「土耳其的伊斯蘭教，跟全世界的也不同！」

這種靈活度，同樣也適用於球壇。我曾經很好奇，土耳其球會中雲集各國球員，當中包括穆斯林、東正教徒和天主教徒，他們的禮拜日各有不同，應當如何配合。BJKTV主播阿塔索伊解開了我的疑惑。她表示，因為球員都是專業的，即使擁有不同的宗教也不是問題。一般而言，他們都不會去教會或清真寺，球隊也不會遷就。準確來說，普遍土耳其人都不會因為宗教而影響工作，這不獨是球員，而是整個社會的共識。其實大部分土耳其穆斯林都沒有經常前往清真寺，相比制度化下的宗教，他們更傾向自由與靈活的宗教觀。阿塔索伊說土耳其的伊斯蘭教比較開放，人們相信只要自己信奉真主，不必拘泥形式與外在。因而，土耳其穆斯林比較尊重女性，也有不少人會喝酒。至於衣著方面，非但沒有硬性的規定，甚至沒有人特別在意。

伊斯蘭教教曆中的第九個月，是名為「Ramadan」的齋戒月。穆斯林需要守齋三十天，期間不得吸菸、行房，黎明至黃昏間要絕食斷水，是一種心靈修練。由於伊斯蘭教曆跟西曆計算方法不同，偶爾會碰上酷暑的季節，令齋戒更難熬，影響更大。傳媒曾經報道，在西班牙和意大利，都曾有球會領隊不太滿意其下球員守齋戒月。[6]

我估計守齋戒月的情況在這裡比較普遍，也更為領隊所接納。據說，加拉塔沙雷曾在齋戒月時，延遲開始下午的訓練時間，以遷就有關球員。阿塔索伊表示穆斯林球員可作自由選擇，即使放棄守齋，也會被理解和明白。大部分的領隊，亦會尊重球員個人的選擇，但仍可能有一的要求，例如要求球員在比賽日當天避免守齋一天。土耳其穆斯林在遵守教規上，容許很大的自由與靈活，例如德國籍土裔球員奧斯爾（厄齊爾），雖為虔誠穆斯林，但他明言會於比賽日正常飲食，希望從宗教與職業中取得平衡。同樣，「土耳其皇帝」哈根・蘇古（哈坎・蘇克）則以每年嚴守齋月聞名。我想球壇對伊斯蘭教規的態度，正正是社會的反映。職場專業、生活需要以至個人取向，都可以高於宗教規條。

伊斯蘭教世俗化

我曾跟一位朋友討論土耳其特色的伊斯蘭教。他認為宗教是學習做人的方法之一，功能是

---

6 「狂人」摩連奴（穆里尼奧）掌管國際米蘭（Inter Milan）時，於記者會上強烈批評陣中唯一穆斯林，加納國腳蒙達利（蒙塔里）因齋戒影響比賽表現。而卡比路（卡佩羅）任教皇家馬德里時，亦曾對迪亞拉守齋頗有微言。

維持社會秩序、提供明辨是非或人生抉擇的標準。在他眼中，伊斯蘭教是一種全方位的宗教，《古蘭經》和教義中，廣泛地為人生提出指引和準則，包含生活中每個細節。這對於過去的社會極為重要，但在現代社會，部分功能已被教育、法律等制度所代替，其最無可取代的功能，也許只餘下心靈的部分。他對於土耳其伊斯蘭的世俗化予以認同，認為土耳其有勇氣改革，並非如阿拉伯諸國般堅持數百年前的生活準則，達到宗教與時並進的進步作用。

這種具有「土耳其特色」的伊斯蘭教，源於建國初年由凱末爾推動的世俗化改革。二十世紀初，凱末爾憑藉出色的軍事才能，擊退希臘入侵，力抗列強瓜分，統一全國，並建立共和政權，推翻鄂圖曼統治。一九二三年，他當選為共和國首任總統，有「土耳其國父」之稱。凱末爾至今仍受盡國民擁戴，在他一手建都的首都安卡拉，就有一座國父紀念館。而在全國各地，無論官邸、學校或民居，都能看到高掛的國父畫像或銅像。

凱末爾上台後，旨力推動改革，目標是帶領土耳其走向現代化。這次改革根本性改變伊斯蘭教的地位與形態，從政制、司法、教育和社會各方面，推動伊斯蘭「世俗化」。伊斯蘭教素來是政教合一的，隨著廢除蘇丹，建立共和，並取締哈里發

世俗化的伊斯蘭教是土耳其的特色。

制度[7]後，土耳其在政制上確立政教分離的世俗化之途。凱末爾政府同時引入西方法律，取代伊斯蘭教法，以世俗法庭代替伊斯蘭法庭。政府更推動教育世俗化與現代化，使教育與宗教分離。國內許多宗教學校（伊斯蘭學校）停辦，學校停止宗教課程，加強理性化與民族意識，以拉丁文取代阿拉伯文等，令伊斯蘭教的推動大受打擊。在社會方面，禁止婦女穿戴宗教色彩的頭巾與服飾、廢除一夫多妻制，加強女性的社會參與等。一系列的世俗化過程，目的在於跟過去的鄂圖曼時期斷絕割裂，甚至予人有去伊斯蘭化的感覺。一九二八年，政府更正式從憲法中廢除伊斯蘭教的國教地位。

土耳其自世俗化改革至今已近百年，伊斯蘭教的形態已然不同。有學者認為由於伊斯蘭教法被取締，土耳其人的信仰不再是一種社會責任，而是個人的選擇。土耳其穆斯林能更自主地，從事不同程度的信仰活動。然而，土耳其伊斯蘭教雖然在各方面的功能被削弱，使其宗教神性層面下降，但其作為倫理觀念的文化作用卻仍歷久不衰。土耳其絕大部分國民為穆斯林，其宗教倫理觀早已深入民心，融入文化之中。至此，我彷彿明白每位喝酒的穆斯林朋友，為何不重視教規，同時又強調待人至誠至善了。

7 哈里發制度，即先知後繼者的稱號，為伊斯蘭政教合一之下的領袖制度。

土耳其「第二宗教」

雖然伊斯蘭教在土耳其具有其世俗化特色，但仍然植根人心，是社會的主流思想。在這片土地上，能夠跟其占有率相提並論的，相信就只有足球。不論是傳聞、媒體、個人觀察或接觸，足球在土耳其都是壓倒性的受歡迎，不少人自稱足球是他們的「第二宗教」。

自問對宗教的認識有限，不敢貿然比較，但若只談兩者的覆蓋程度和西化的情況，的確有所相近之處。凱末爾的世俗化過程，以歐洲文明為藍本，想藉西化追上歐美現代化的步伐。

土耳其足球最早出現於十九世紀末，當時英國商人將足球引入伊茲密爾，並逐漸傳入到伊斯坦堡。最初，蘇丹政權對足球抱有戒心，伊斯蘭神職人員更提出不同的論點，以反對穆斯林踢球，例如影響研習《古蘭經》和足球裝束過於暴露等。因此，土耳其足球發展之初，遭到國家級監控，由土耳其人成立的球隊「黑襪隊」（Black Stockings）更被迫解散。隨著國家權力由蘇丹轉移到改革派之手，既帶動當時向西方學習的政策和風氣，同時也解放足球的發展。此時，穆斯林開始參與逢週五的聯賽，非穆斯林則參加週日聯賽。

凱末爾正式建國後，土耳其立即申請加入國際足協。在國家大力推動宗教世俗化改革的同時，足球作為世俗文明和現代化的象徵，同樣嘗試向西方文明學習、仿傚，包容並兼自己的特色。

有說凱末爾革命受法國大革命啟發甚深，而司法刑罰亦向意大利取經。同樣主張西化的土耳其足球，則受德國影響甚深。由於六十年代德國大量引入土耳其移民，至今已成德國社會上最大的少數族裔。土耳其足球發展，自是向這個關係密切的足球強國學習。一九八四年，德國領隊德瓦爾執教加拉塔沙雷，引進先進的訓練模式和戰術運用，並帶領球隊取得成功。自此，土耳其賽場上出現了許多德國教頭的身影，亦帶動整體土耳其的發展。除了引入領隊外，近年土耳其更直接從德國「搶人才」，積極鼓勵德籍土裔的出色球員效忠祖國。土耳其足總更在多蒙德（多特蒙德足球俱樂部，Dortmund）設立辦事處，專職處理相關事宜，近年成功的例子多不勝數，如紐尼・沙軒（努瑞・沙欣）、咸美・艾天托（哈米德・阿爾滕托普）和哈利・艾天托（哈利勒・阿爾滕托普）等[8]。他們不少人在德國出生或成長，接受德國球壇的青訓，甚至曾代表德國青年軍作賽。他們除了選擇代表土耳其國家隊外，部分人也在職業生涯後期轉投土超球會，將德國元素帶進土耳其。土耳其足球從中學習西方的優點後，仍保留其底蘊中的熱情與韌性。

近年，土耳其國家隊在大賽向世人展示不死精神。二〇〇二年世界盃，土耳其過關斬將，於四強僅敗予應屆盟主巴西，最終勇奪季軍，國內外掌聲雷動。二〇〇八年歐洲國家盃更是扣人心弦，2比1絕殺瑞士、3比2反勝捷克、最後時刻扳平克羅地亞，最終2比3惜敗德國。當時許多人都期待他們的反勝奇蹟，媒體更紛紛大造文章，探究其頑強鬥志。有人提出歷史緣由，追溯至其突厥祖先的驍勇善戰、粗獷堅毅的原始血性。在我看來，難免過於穿鑿附會，但我深信滿腔熱情和勇往直前的特徵，自能讓人放開懷抱，奮戰至最後一刻。足球場內外，土耳其人都表裡一致。

---

[8] 其他例子尚有伊基斯（埃基奇）、查漢奴古（恰爾汗奧盧）、杜辛（托松）和馬利（馬爾勒）等。

體驗伊斯坦堡打比

數年之後，我重訪比錫達斯，適逢對陣加拉塔沙雷的打比大戰，正好彌補當年只抵「地獄之門」的遺憾。闊別多年，球場經歷重建和現代化工程，規模比之前更大，亦因贊助而以電訊商冠名。除了球場外觀略為改變，政府亦針對球迷實施管制措施，包括購票實名制。我向球迷和職員了解詳情，已花費不少精力。在網上系統實名登記和輸入身分證明文件後，我終於得到一張名為「Passolig」的卡片，憑此卡始能購票入場。政府表示希望以此確保球場安全，管制球迷暴力，但社會普遍不信任總統埃爾多安（艾爾段）為首的政權，視之為監控公民的工具。

雖說比錫達斯算是第三受歡迎的球會，其宿敵關係亦不及另外兩者般火爆，但三巨頭之間對壘的打比戰都是城中盛事。比賽日當天，從群眾到攤販，由報章頭版到聊天話題，幾乎每一處都是相同的主題。早於開賽前數小時，已有球迷聚集，邊喝酒邊唱歌，熱切地期待打比大戰。

我們甫抵達球場外圍時，已有不少主隊球迷歡迎。他們主動要求合照，並邀請我們一起以雙手呈爪狀的動作，代表暱稱為「黑鷹」的主隊。雖然距離開賽時間尚早，但不遠處已有人燃點照明彈，將氣氛進一步提升，為數眾多的防暴警察則在旁戒備。

雖然我們並未身穿球衣，但衣著配合主隊的黑白色，加上繫上球會頸巾，令我們輕易地融入人群，並隨本地球迷魚貫進場。我從樓梯步出看台，可惜擴建之後，我已無法在球場內看到海景和亞洲區，但能再見充滿回憶的球場草地，仍然感覺格外親切。我身處的北看台，猶如急不及待的派對場地，或是極度狂熱的宗教場所，情緒高漲。

我看著球迷早早展示橫幅和揮舞旗幟，難免期待更精彩的畫面。然而，網上看過近乎「火燒球場」的煙火場面並未出現，相信是與安全為由的保安措施有關。即使如此，球迷的熱情絲毫未減，他們無需藥引，僅以拍掌、口號、歌聲和動作便足以燃燒整個球場。

球迷的熱情投入，就如燎原星火，轉瞬將火苗蔓延。在歌曲和口號的節奏帶領下，球迷的動作千變萬化，有時揮動頸巾、有時高舉雙手、有時齊聲拍掌，上萬的個體竟頓時化作一團火焰，在舞動、在起伏、在跳躍，時而像波浪，時而如漣漪，時而若火龍，時而似利爪。看台間的前後呼應成為隨風搖曳的溫柔火舌，朝向作客區域的對罵則是瞬間爆發的凶猛

在球場感受熱情的伊斯坦堡打比。

火球，群眾高舉手提電話的電筒化作點點燭光。

火光燦爛的球場，不止提供視覺和想像的享受，也為耳朵和身體帶來震撼。我身旁的球迷全程力竭聲嘶、毫無保留。在震耳欲聾的同時，我想起球會博物館內的音量紀錄。[9]他們不只有引以為傲的聲量，歌曲內容也甚為誇張，歌詞經常帶有「甘願為球會而死」或「為愛瘋狂」之意，甚至「如果我們放棄這分愛，應會受到真主的懲罰」等。

即使我們不懂歌曲，也能跟著節奏邊唱一些簡單的打氣歌，邊隨大伙兒躍動。「Lay lay lay lay lay lay lay lay, Gol Beşiktaş」我們與身旁的球迷搭著膊頭，肩並肩地躍動，由數行開始，到整個看台，再將韻律傳至另一個看台，把全場球迷連在一起。這就是土耳其看台的特色，在觀看球賽以外，同時是自由奔放的運動會。隨著動作變化，項目多不勝數，有時全場一致如啦啦隊、有時體能消耗如健身操，有時臨時加添創意變成「佔領袖」遊戲。只要是同一陣線，就無分彼此，旨在共同參與。無怪乎每場球賽過後，大家都汗流浹背，他們臉上的笑容表明，這種運動後的快感，身體雖然疲憊，卻有精神滿足和情緒抒發的作用。

而本場比賽中，主隊占有甚多的攻勢，但因埋門質素欠佳或欠運等原因，直到下半場始能打破僵局，終以1比0小勝對手。離開時，我雖忘記入球的過程，卻仍在回味慶祝的一刻。我跟身旁的陌生球迷情不自禁地擁抱，同時看著附近的人捉著對方咆哮和大叫，其激動的表情堪

[9] 比錫達斯球會博物館內，展示千禧年代四場超過一百三十分貝的比賽，並以其他噪音作參考，其中二〇一三年告別舊球場時，更達至破紀錄的一百四十二分貝，比噴射機升空更甚。

比決賽奠勝，深印我腦海之中。

親身感受過後，這裡的足球熱情得到確切驗證。土耳其早已無需仰望巴西足球文化，其球會活躍支持者比例之高，猶勝想像中的足球王國。足球，不枉「第二宗教」之名！

徘徊歐亞／

土耳其的身分認同，是歐洲還是亞洲？

每位曾經拜訪伊斯坦堡的旅人，都為她送上讚譽，她歷盡風霜與輝煌，韻味獨特，美態盡現。伊斯坦堡的永恆，在於她獨特的地理位置——世上唯一橫跨歐亞的城市。她既是亞洲，也是歐洲，她是千年古都，也是活力城市。

聖蘇菲亞大教堂與蘇丹艾哈邁德清真寺對望而坐，細數博斯普魯斯海峽的往來船隻，由拜占庭海軍和威尼斯商旅，到今天的郵輪和貨船，默默守護古城的變遷。我漫步加拉塔橋，看著漁竿在天邊劃上一條條線，穿越悠閒的垂釣者，然後在小攤檔坐下，邊享受烤魚，邊呷口熱茶，細味古城的節奏。喧鬧的巴扎（台譯：巴剎。中東地區的市集）叫賣和清真寺的宣禮之聲夾雜，動與靜之間僅一路之隔，相互融合。她沒有其他城鎮的純樸，大街上散發歐洲都會氛圍，小巷中又流露中東特色。

我最喜愛乘船往來歐亞區，漫無目的地穿梭兩大洲，感受其象徵意義，覺察歐亞之別。也許是穿梭頻繁，也許狀態不佳，在這城市內的歐亞之別，在我看來並不明顯，最多只是歐洲區較多現代化高樓，亞洲區則相對寧靜而已。然而，每當我坐在船上，飄盪於歐亞之間，回首彼岸之時，都有一種特別的奇妙感覺。或者，這就是伊斯坦堡獨特的魅力。

慘吃歐洲閉門羹

身處伊斯坦堡，無可避免地思考土耳其的歐亞身分。這個幅員逾九成半處於亞洲區的國家，只有伊斯坦堡以西屬於歐洲領域，卻自一九六二年以來已經「脫亞入歐」，成為歐洲足協成員，並自此恆常參與歐洲賽事。土耳其足球於千禧年代在國際賽場上屢獲佳績，作為曾經的歐國盃四強、歐洲足協盃和超霸盃盟主，她似乎理所當然地被視為歐洲國家，事實卻並非如此。

土耳其自一九五九年開始便爭取加入歐盟，卻至今仍未如願。作為非歐盟成員，土國球員在歐洲其他聯賽效力仍受外援條款限制，大大加劇球員海外發展的難度。有言論直指土耳其不屬於歐洲，將她拒諸於千里之外。雖然歐盟成員絕非歐洲身分的唯一認同標準，但從其長年的入盟申請與困難中，也真實地反映歐洲認同的考慮與界線。

土耳其想擁抱歐洲大家庭，一直以來受到很大阻力。法國前總統薩爾科齊（薩科吉）和德國前總理默克爾（梅克爾）都曾公開反對她加入歐盟。歐盟成員提出反對的原因眾多，包括經濟與政治因素。土耳其人口眾多、幅員甚廣，經濟仍處於發展中的階段，令成員國擔心其加盟將拖累整體發展，加重組織的財困負擔，亦憂慮土耳其的廉價技工，威脅本土的工作人口機會。而土國逾八千萬的人口，亦意味她將享有在決策票數和歐洲議會的議員人數上舉足輕重的地位，一躍成為左右大局的成員國。此外，成員國亦關注土耳其的人權狀況，特別是對土東庫爾德（庫德）族人的待遇[10]。歐盟也要求土耳其承認一戰期間對亞美尼亞人的種族屠殺事件，並承認塞浦路斯的主權。當然還有心照不宣，無法放上會議桌上的宗教疑慮。曾有調查顯示，有約三分之二的歐洲人反對土耳其加入歐盟，當中不少人都對其伊斯蘭背景表示擔心。可是，根據歐盟於一九九三年定下的哥本哈根標準，文化因素並非考慮的原因，而且若明確地反對伊斯蘭教，亦會惹來非議。

歐洲諸國中亦有支持土耳其加入歐盟的聲音，包括英國和西葡意等南歐國家，其用意大都出於戰略考慮，認為將土耳其納入歐洲版圖，將可促進高加索和中東地區的戰略穩定。支持者亦相信土耳其入盟，可以成為伊斯蘭文明與歐洲文明融合的典範，並作為與阿拉伯世界溝通的橋梁。

然而，反對的聲音始終占據多數，特別是德國、法國、荷蘭和奧地利的反對最為強烈。其中，奧地利曾於歷史上兩度遭鄂圖曼帝國入侵，攻占維也納的陰影猶在，無怪乎奧國的反對聲音一直熾熱。然而，弔詭的是歐洲列強並非要把土耳其趕絕於歐洲，例如德國便主張以「優惠伙伴」代替「完整會員國」的方案。簡單而言，拒絕承認土耳其的「自己人」身分，但又想保有這個富有利用價值的伙伴。

10 庫爾德人口約三千萬，是世上最大單一而沒有國家的民族，他們主要散落在土耳其、敘利亞、伊朗和伊拉克境內。鄂圖曼帝國於一戰戰敗後，與列強簽署《色佛爾條約》，曾經給予庫爾德族立國的機會，但共和國成立後改簽《洛桑條約》取代，變相令其立國無望。庫爾德族雖占土耳其國內第二大人口，卻不被政府承認其民族身分，只稱為「土耳其山地人」，並長期打壓。

歐洲認同中的他者

誠然，各類洲際組織自有考慮因素，其成員身分絕非等同社會文化定義。然而，從深層意義看來，土耳其被拒的原因，正跟歐洲身分認同有密切關係。身分認同從性質上有其排外的元素，從分辨「他者」與「自我」的概念分野中，建構「自我」的界線與身分。而土耳其恰恰正是作為歷史上「歐洲認同」建立過程中的「他者」角色。

回看歐洲歷史，自古以來，身分認同皆以城邦或地區作為單位，及至民族主義的抬頭，並有統一運動興起，始建成近代的歐洲版圖。在小國林立，互為攻伐的歐洲歷史中，結成聯盟甚至一體化的概念，都源自外來威脅，並得以鞏固確立。十四世紀鄂圖曼向西方擴張，滅東羅馬帝國，版圖延至巴爾幹，並曾占領匈牙利和波蘭，兩度威脅維也納。當時，便曾有宗教和政治領袖相繼提出歐洲國家聯盟，以對抗土耳其和伊斯蘭的入侵，並把基督教文明等同於聯盟成員以至歐洲身分。經歷兩次世界大戰的災禍，「歐洲聯盟」成為冷戰時期的產物，以「歐洲一體化」抗衡美蘇兩大陣形，以維持歐洲和平。可見在「歐洲認同」的建構過程中，歐洲的「自我」是建基於古希臘羅馬文明的承傳和基督教文明的延伸之上。所以，即使土耳其自一九四九年加入歐洲理事會，一九五二年成為北約成員，並在外交上持續向歐美靠攏，歐洲仍然沒有將他視為「自己人」。這不僅是地理或宗教的問題，而是最根本的身分認同，也是兩種文明在價值觀上的磨擦。歐洲的核心價值為基督教文明衍生出的價值觀，如人權、民主、法治和自由。這也能解釋何以歐盟如此重視成員國的人權狀況，並希望藉入盟條件令各國進行改革，從而融入歐洲價值體系。

前世今生和文明更迭

雖說土耳其的前身鄂圖曼是近代建立歐洲認同的「他者」角色，但從歷史看來，這片土地卻跟歐洲文明的起源千絲萬縷。歷史上走過的路，能否協助我們追尋土耳其的身分呢？

現今土耳其的國土，無論是東色雷斯或安納托利亞（安納托力亞）地區，都曾被歐亞各民族統治過。在利底亞王國和波斯帝國後，亞歷山大大帝君臨天下，建立東至印度的大帝國。短暫的帝國崩解後，自公元前一世紀至公元十五世紀，色雷斯與安納托利亞輾轉成為羅馬帝國與東羅馬帝國（或稱拜占庭帝國）的國土。隨後突厥人崛起，滅拜占庭，建立前後長達六百多年的鄂圖曼帝國。

古希臘人的足跡

土耳其境內仍保存古今歷史的遺跡，足以揭示這裡曾經的璀璨繁華與變遷更迭。在云云的歷史見證中，千年古城以弗所便足以震撼人心。

以弗所初建於公元前九世紀，經歷發展、戰火、天災和重建，兼具古希臘與羅馬建築風格，曾經是朝氣蓬勃、人口數十萬的繁華都會。我從南門進入古城景區，立時被大劇院所吸引。這是世界上最大保存最好的古劇院之一。連接大劇院外的是阿卡迪亞大道，是古城的最主要街道。大理石路兩旁仍舊樹立稀疏的古柱，領我重構當年繁華，帶我穿越時空，夢遊遠古。

剎那間，以弗所熱鬧再現，遊人忙於在商鋪議價，富人貴族乘馬車趕往劇院，絲毫沒有注意我的存在。阿卡迪亞大道延綿數公里，連接愛琴海海濱，石柱整齊有序地夾道歡迎，每條都雕刻精美。我穿插遊人之間，擠進依山而建的觀眾席上。演者身穿典型羅馬衣物，站在布景前，以獨特的腔調演繹歌劇，教人如痴如醉。別了劇院，我迫急不及待地前往以弗所市中心，拜會聞名的塞爾蘇斯圖書館。

我站在宏偉的圖書館正門，眼前的八支巨柱、精雕細琢的紋理和栩栩如生的女神像，無一不令我嘖嘖稱奇。我駐足良久，才前往富人小屋，窺看地板上的馬賽克圖案，也走到公共浴室閒話家常。在熙來攘往的各大神廟，向神明一一膜拜。我全然沈醉於遠古

宏偉的塞爾蘇斯圖書館。

的天空，無法抽身，不願離開。如果可以有真正的時光旅行，我希望回到古希臘年代。

你中有我，我中有你

以弗所遺跡開啟我的歷史之眼，而內姆魯特山更是有過之無不及。公元前四世紀，亞歷山大大帝的鐵騎橫掃歐亞非，一度將希臘、波斯、巴比倫、埃及和印度等文明串連，強行轉動歷史的巨輪。年青的大帝離世後，帝國迅速解體，分裂成眾多王國。世代交替、王國更迭之間，卡美琴尼（科馬基尼）王朝雖只能寫下短促的篇章，但其君主安提奧克斯一世（安條克一世）於公元前一世紀為自己所建的王陵，卻成為人類文明的共同瑰寶。

夜深時分，我從山腰出發，朝向頂峰去。寒風凜冽的黑夜並未帶來恐懼，滿天星宿教心靈無比平靜。我在星光引路下拾級而上，抵達山頂，延續我與諸神於夕陽西下後的未完約會。

我來到東面平台，安坐在祭壇的階梯上，細數天上的繁星與銀河。五座原高十米的巨像並排而坐，陪伴我靜待第一道晨光。兩千年的歲月令曾經聳立的巨像身首異處，頭部散落神座的跟前。它們雖不復宏偉的原貌，卻從未失去耀眼的光彩。同時擁有希臘和波斯血統的國王，企圖自我神化，跟宙斯、阿波羅和海格力斯（海克力士）等諸神平起平坐，並在神獸猛鷹和雄獅的陪同下，守護身後的錐形碎石王陵。

晨曦漸露，曙光肆意地在連綿山脈的天際線塗上色彩，先將黑夜改為深紫，再轉淡藍，然後逐筆添上豔紅、鮮橙、金黃的漸層，一筆一筆地把大地喚醒，同時把神界與凡間之隔朦糊。

黎明來到，柔和光線輕撫神像的臉，我彷彿看見祂們的微笑，也察覺更多的細微之處。阿波羅放下慣常的月桂枝頭飾，改戴道地的波斯帽，跟身旁諸位一起入鄉隨俗。朝暉雖為女神抹上一層胭脂，但無法掩飾祂飽歷風霜的皺紋。人們努力地辨別女神的身分，有說是敘利亞的阿塔伽提斯女神，有說是科馬基尼女神，卻始終眾說紛紜。石碑的銘文記錄神像的複雜命名，加上揉合希臘、波斯和安納托利亞的藝術風格，正是將各文明的眾神融合，顯示兼有東西兩方的雙重性。千年以來，眾神端坐群山之嶺，吸取天地靈氣，傲然俯瞰大地，笑看風雲變色。

或許古文明的諸神早已回到天界，但已留下深刻的足印。它不止於景點或古跡，而是一個文明走過的路與歷練。歷史是文明的過去，就如是個人的往昔，童年時代雖已遠去，但昨日的因致成今天的果，一切都沒有消失，而是藏於心底，成為人心的一部分，永續下去。

在伊斯坦堡，土耳其找到最佳的代言人。聖蘇菲亞大教堂本身就是土耳其的歷史書，它把這片土地上的經歷與滄桑，榮耀或頹敗，都刻劃在教堂內壁的每一角落。大教堂始建於公元六世紀，是拜占庭文明的奢華見證，外觀的宏大與內部的金碧輝煌，象徵東羅馬帝國的盛世。當時被稱為新羅馬的君士坦丁堡，一直是西方文明與東正教的中心。而十字軍第四次東征的掠奪，使大教堂財寶盡失，也慢慢地看著拜占庭由盛轉衰，最終為鄂圖曼所滅。大教堂內壁的基督宗教馬賽克被覆蓋在英泥之下，取而代之的是阿拉伯文的進駐。新月高掛，顯赫的大教堂變裝為清真寺。聖蘇菲亞由教堂變成清真寺，再改為博物館，於現代的土耳其，繼續其見證歷史的任務。

歐洲情結和近代的搖擺

對許多人而言，如此追源溯始，或者想得太遠，數百年的鄂圖曼帝國早已覆蓋過去的文明，甚至於共和國建國百年之時，再談論前者都已感穿鑿附會。然而，透過文學與藝術的時光之門，旅人得以明白別國的文化底蘊和民族情緒，發現文明的傳承與衝突。

從鄂圖曼走向衰落時的坦志麥特[11]，到共和國建國時的世俗化改革，土耳其雖經歷逾世紀的西化進程，卻仍然徘徊歐亞的分岔路口、落入西東的文化夾縫。這裡有一句諺語：「土耳其除了土耳其人之外就沒有其他朋友。」多少說明他們的身分認同，是建基於單一的世俗伊斯蘭國家之上，既不被歐洲接納，也跟伊斯蘭世界有一定距離。從帕慕克[12]的文字中，我們得以聆聽土耳其潛藏的集體意識，也明白歷史的衝擊。往事，從來並不如煙。

11　坦志麥特改革，在土耳其語中為「重組」之意。於一八三九至一八七六年間，在鄂圖曼帝國步向衰落之時，時任蘇丹參照西歐模式，推動一系列西化的制度改革，旨在令帝國走向現代化，最後以改革派失勢、蘇丹阿卜杜勒─哈米德二世恢復獨裁告終。坦志麥特改革被視為鄂圖曼帝國最後的改革嘗試，雖未能阻止帝國覆亡的命運，但被視為間接啟發後來的洋務運動和明治維新。

12　帕慕克，被譽為土耳其當代最出色的作家，更於二〇〇六年獲得諾貝爾文學獎。他享聲譽國際，作品被翻譯成各國語言，包括《我的名字叫紅》、《雪》和《純真博物館》等。

從文學中發現

帕慕克寫下作品《純真博物館》，並建立同名的博物館，在虛構與真實之間，將小說的情節延續，同時記錄伊斯坦堡平凡常人的生活故事。小說除了對愛情、人性、時間和純真等討論外，更包含作者對城市和國家的愛，也引伸至土耳其如何面對西化的議題。

我慕名來到純真博物館，這是一棟鐵鏽紅外牆的狹小五層建築，也是小說中女主角芙頌的家。我在博物館的售票處，出示小說內單次參觀免費門票，讓職員蓋印。我甫一內進，便為那四千兩百一十三根菸頭所震撼。男主角凱末爾把每一根煙頭小心翼翼地以別針釘在展示的牆上，並記下拿到時的日期。憑藉這八年間的造訪所竊取的煙頭和種種物

純真博物館的四千兩百一十三根煙頭展示牆。

品，他得以回想與愛人共渡過的每一個時刻。博物館每一件收藏，都呼應小說中的章節：他們邂逅時那隻黃色高跟鞋、遍布全城的「幽靈」地圖、梅爾泰姆汽水廣告、芙頌上駕駛課時所穿的連身裙、放在電視機頂的小狗擺設、重遇後的浴室洗手盤、博斯普魯斯海峽的黑白照、報章上被粗黑線遮蓋眼睛的女孩相片、兒時的三輪車、破碎的陶瓷心、通姆巴拉遊戲，還有數之不盡的胸針、髮飾、鑰匙、手錶、時鐘……當然最重要的是她那掉落的耳墜，凡此種種，都讓我不能自拔地再度陷進小說中的純真世界。

我從博物館頂層低頭回看地下的正中央，有一個漩渦狀的圖案。那是小說中提及的「時間」，或者說是凱末爾的時間觀，是超越阿里士多德（亞里斯多德）所言的時間直線，是讓他將那一千五百九十三個晚上當成莫大幸福來回憶的觀念。純真博物館就是讓時間化作空間，也把虛構變為真實的天才項目，同時也是大作家另一部作品的展現。博物館的精神和內在，正是帕慕克自傳式作品《伊斯坦堡：一座城市的記憶》的核心。在《純真博物館》中，帕慕克重現伊斯坦堡七〇年代的生活，以童貞、階級、性別等議題，突顯社會在形式上追求歐式生活，與內在的傳統保守思想。在後者的文字中，作者以個人成長和家族故事，融入對家鄉城市的追憶和情懷，從援引他人的畫作、遊記和舊照以及作者自身的描述中，道盡他成長時代城市的貧困、憂傷和敗落。我細看館內藏品時，兩部作品的畫面時而重疊，我看見書中人物與作者先後踏足的卵石路、看見文豪和初戀對象的「邁哈邁特大樓」、看見雅驪別墅、帕夏舊宅、殘破噴泉和淒迷廢墟，也看見其筆下的「呼愁」（hüzün）。

帕慕克寫道：「在過去一百五十年間，我肯定『呼愁』不僅統治著伊斯坦堡，亦已擴及周圍地區。」在他云云的作品之中，始終環繞著這份「呼愁」。「呼愁」是土耳其語的憂傷，是一種集體而非個人的陰暗情緒，既是見證著帝國斜陽的哀痛，也是無力於心靈空虛的失落。「呼愁」是伊斯坦堡的內在，也深藏在土耳其人的集體意識，存在於音樂、文學、藝術與生活之中。他記載的伊斯坦堡，從國際都會淪為歐洲邊陲；由繁華帝國變作潦倒廢墟，逐漸遠離世界注意，卻又始終在乎西方的目光，只能在東西之間游移不定地漂泊。

「在尋找故鄉的憂鬱靈魂時，發現文化衝突和融合中的新象徵。」諾貝爾獎得獎評語道出這位文壇巨擘的寫作特色。他出生於五〇年代，從遺跡處目睹帝國的頹敗，也在生活中經歷民族的迷失。在凱末爾主義下，世俗化改革雷厲風行，宗教勢力被打壓，「土耳其性」亦取代民族多元。然而，在全面西化外殼之下，到處都是缺乏靈魂的空洞。在《我的名字叫紅》中，他以細密畫與透視法的藝術視角，代表傳統和西方的價值觀以及後者帶來的衝擊。他在《雪》中描寫世俗派強推頭巾禁令，漠視無以填補的精神寄託，引起激烈的反彈和衝突。他對盲目西化的取態提出疑問，反對切斷與過去的所有聯繫，但並非以宗教或傳統為絕對答案，而是藉文學引發思考和討論。

從西傾到東側

數百年來，這裡一直存在東西方的雙重性和身分認同的議題。於共和建國後的百年間，她的文明定位更在兩代強人的拉扯中東搖西擺。二十年代立國的凱末爾，獲尊為共和國國父，奠定世俗主義，豎立未來現代土耳其的標竿；千禧時期上台的埃爾多安，被視作新時代蘇丹，引領宗教復興，高舉昔日輝煌鄂圖曼的旗幟。

經歷多年徹底西傾的凱末爾主義後，伊斯蘭派多番嘗試走進權力核心，終於在千禧年代初，憑埃爾多安及其正義與發展黨（簡稱正發黨），開始達成長期執政。埃爾多安最初被視為溫和伊斯蘭派，嘗試以平衡世俗和宗教的方式推動政策，但卻隨執政日久而趨向伊斯蘭化。他將議會制改為總統制，並日漸獨攬大權。他擁抱保守宗教觀念，推廣鄂圖曼古文字、限制賣酒、廢除頭巾禁令、增加宗教學校、壓抑女權和言論自由，甚至將聖蘇菲亞由博物館變回清真寺。在他的領導下，國家對外戰略上有所轉向，從面向西方到走近東方，如以主持突厥國家組織、介入高加索衝突等形式，意圖加強在中東和中亞地區的影響力，更以鼓吹民族自豪感的新鄂圖曼主義作為配合。

當埃爾多安以「復興土耳其」作為其民粹主義的號召，正正反映民族身分的建構充滿流動性。土耳其作為民族概念，於不同的年代，自有主流與非主流的論述和觀點。究竟這個「需要復興」的「偉大土耳其」的構成之中，有多少來自歐洲？多少來自伊斯蘭？多少來自鄂圖曼？還是全然是新時代創造的虛構混合體？

足球、民族主義和身分認同

純真博物館以舊物重現往昔，記載自一九四五年至世紀末的生活點滴，彌補旅人難以明白的「呼愁」，讓土耳其變得更為立體。足球作為國民生活的重要部分，也曾經出現在小說之中。雖然篇幅極少，但作者描寫男主角與兄長在現場觀看費倫巴治的比賽，即使見證球會奪得冠軍，卻仍心不在焉。[13]帕慕克兒時是費倫巴治的球迷，他藉男主角炫耀自己仍能熟記一九五九年的球隊陣容，男主角以此跟友人打賭，並打算以珍藏在盒子內的照片作為證據。博物館展示了這個紅色錫盒，內外滿是演員和費倫巴治球員的照片。這些從口香糖包裝盒收集所得的照片，是屬於一個時代的兒時集體回憶。

正是小說和博物館中這些不為人知的小部分，把我帶到費倫巴治的主場薩拉科格魯球場（許克呂・薩拉吉奧盧體育場）。費倫巴治是「三巨頭」之中唯一身處亞洲區的球會，意想不到的是，球場內小小的博物館，能助我把土國足球史、身分認同和歐洲情結等一一貫穿。

博物館雖以球會角度出發，卻能側面反映國家歷史。從館內的蠟像場景和資料可見，費倫巴治於一九〇七年成立時，仍受制於鄂圖曼時期的足球禁令，只能祕密運作，至翌年新法律頒布後才正式向政府登記，並迅速加入伊斯坦堡聯賽[14]。

---

13 我詳細考究小說中的日期和對手，費倫巴治的確取得七五年的聯賽冠軍，但小說中五月十日以射入兩球制勝的對吉雷松體育俱樂部（Giresunspor）的賽事則略有偏差，正確日期應為一九七五年五月二十五日，前者小勝1比0。

14 伊斯坦堡聯賽於一九〇四年成立，是土耳其境內最早的足球聯賽。因鄂圖曼政府的禁令，最初只有英人和希臘人的球會參與，費倫巴治則於一九〇九年加入。伊斯坦堡星期五聯賽於一九一二年，並於一九一五年跟被稱為星期日聯賽的前者合併。直至一九五九年土耳其足總成立全國聯賽前，「三巨頭」一直參與伊斯坦堡聯賽。

以足球對抗外敵

博物館詳列球會歷年的重要錦標，也不吝展示多不勝數的獎盃，其中有兩個特別引起我的興趣。首先是與一戰有關的哈靈頓盃。這座呈一公尺高的巨大獎盃的簡介上，寫著「為土耳其贏得這場引以為傲的勝仗是球會的光榮」，以示球會對民族尊嚴的貢獻。

一戰失利直接導致鄂圖曼帝國瓦解，與之相關的連串事件，包括亞美尼亞大屠殺、庫爾德立國問題和土希戰爭等，亦為地緣政治埋下深遠影響，至今仍然左右土國的命運。「歐洲病夫」鄂圖曼戰敗後，面臨被瓜分危機，伊斯坦堡更於一九一八年被協約國軍隊進駐。

首都被占領的數年間，以費倫巴治為例的球會，在暗中支援獨立戰爭的同時，也跟駐紮的英軍組成的球隊比賽。費倫巴治多年來的五十多場比賽中，僅逢五敗，其中一九二二至一九二三年的十二場比賽中，更以十一勝一和不失球的佳績奪冠。於結束占領之前，英國將軍哈靈頓在報章上向本地球會發出戰書，並示意對手可任意引援作賽。費倫巴治公開接受挑戰，更強調只會以原班人馬迎戰。英軍不僅派出各旅團的精英球員，更從祖國召來四名球星，誓言在這場以將軍命名的賽事中揚威。比賽於一九二三年舉行，球會克服半場落後的劣勢，反勝英軍代表隊2比1，成功高舉哈靈頓盃。於帝國連年一敗塗地之際，球場成為土耳其人挽回民族自尊和振奮士氣之地。人們為這場勝仗瘋狂慶祝，也鼓舞了當時正在洛桑洽談新條約的共和國代表團，彷彿代表國家即將告別陰霾，昂首踏上建設未來之路。

另一個令我感興趣的，是巴爾幹盃。於建國初年到五十年代，土耳其視國際足球為獲得外間認同和展現形象的機會。然而，隨著局勢轉變，民族主義開始滲透足球。因為塞浦路斯前途問題，土耳其與希臘再起衝突，雙方劍拔弩張，難以和解。適逢一九六七年巴爾幹盃決賽，由費倫巴治對陣AEK雅典足球俱樂部，國仇家恨的敵意遂向球場蔓延。土耳其國內媒體大肆渲染，聲言將藉此為塞浦路斯問題作出報復。經過兩場未分勝負的比賽之後，主辦方顧慮緊張局勢，將比賽延至半年後（一九六八年五月），最終由費倫巴治贏得冠軍。自此至九十年代，歐洲足協都因安全考慮，便在賽事抽籤中刻意安排，避免兩國球會同組。

雖然哈靈頓盃只屬私人舉辦的一場比賽，巴爾幹盃也不過是地域性有限的國際賽事，並非競技水平的最高標準，但卻對土耳其別具意義。當國家在對外關係上連年受挫，這兩座獎盃成為早年以足球對抗外敵、挽回聲譽僅有的象徵，至今仍為國民所津津樂道。

複雜的歐洲情結

土耳其國內有一名言「埃迪爾內以西，便無我等容身之處。」反映其歐洲情結中的自卑和憂慮。她對歐洲既重視，又敵視，時而自卑，時而自大，甚至有點歇斯底里，彷若求愛不遂的追求者。隨著民族主義和足球進一步融合，這種歇斯底里更為明顯。

七、八〇年代，土耳其經歷政治、經濟和社會上的重大轉變。政治伊斯蘭抬頭，掀起「民族觀念運動」，引發世俗派與伊斯蘭之爭，軍方三度政變。在新自由主義政策下，經濟迅速發展，帶出貧富懸殊、人口結構、城市與農村發展不均等社會問題。同時，庫爾德人為爭取立國，屢次發動恐襲，激起民族情緒反彈。部分土耳其人指責歐洲在庫爾德和塞浦路斯問題上持雙重標準，加上於爭取加入歐盟的漫長過程中，深感備受歧視，疑歐主義漸增。種種因素都影響國民的歐洲觀感和自身定位，也令他們在對戰歐洲球隊時的情緒更烈、敵意更濃。

九〇年代，看台上充滿強調「土耳其性」和民族認同的口號和歌曲，為民族主義效勞的媒體也藉機火上加油。球場內外都刻意將歐洲視為敵人，且不乏侮辱言論與粗言穢言，有時甚至會激發暴力。無論是球會或國家隊，只要對陣歐洲球隊，往往都變成維護民族尊嚴的戰場。加拉塔沙雷一九八九年打進歐冠盃四強的新高，令國民無需可憐地回味費倫巴治六八年淘汰曼城的往事。其後，前者爭議聲中淘汰曼聯，後者終止曼聯歐戰四十年主場不敗紀錄，都被瘋狂地慶祝，並被視為追上歐洲水平的希望。

「歐洲！歐洲！聽見我們吧，聽見土耳其進軍的聲勢！」是當時國際賽流行的口號，而報章雜誌大字標題寫出「土耳其震驚歐洲」、「讓土耳其把歐洲臣服」或「我們是打不死的土耳其人」等語句，都將關鍵聚焦在土耳其人的「本質」，而非球員、戰術或其他任何重要元素，而且其對象往往對準歐洲，而非世界。他們將同情庫爾德的國家、拒之門外的歐盟成員、甚至鄂圖曼的歷史敵國，都視作敵人，甚至在媒體寫出「以牙還牙，以眼還眼」、「這一次，維也納被征服了！」和「十字軍陰魂再現」等敵意字句。這個把歐洲塑造為敵人的過程中，明顯也包含仰慕和重視，卻不被接納的複雜情緒。

其時，國家代表隊亦開始有所突破，繼一九九二年U－18歐國盃和一九九四年U－16歐國盃奪冠後，國家隊於一九九六年首次出席歐國盃決賽週，並於二〇〇〇年晉身該賽事八強。踏入千禧年代更是進步顯著，國家隊分別於二○○二年世界盃、二○○三年洲際國家盃和二○○八年歐洲國家盃殺入四強，加上二○○○年加拉塔沙雷擊敗阿仙奴勇奪歐洲足協盃，再於歐洲超霸盃壓倒皇家馬德里後掄元（奪冠），數年之內讓全國血脈沸騰、樂觀滿溢。

即使如此，歐洲情結仍是揮之不去，歐洲總是作為比較對象及成功準則。儘管二○○二年世界盃的季軍，既創下歷史，也贏得掌聲，卻仍有人質疑其過程中並未跟對陣和擊敗任何歐洲球隊，稱不上「真正的成功」。另一個著名例子，是二○一六年歐國盃前熱身賽，土耳其1比2敗給英格蘭。在如此競技性有限的比賽後，媒體卻強調「兩軍歷史上十次對決，八負二和，土耳其九十三年來第一次能在英格蘭身上取得入球」，甚至勾起八○年代兩度以0比8大敗予對手的屈辱，可見其耿耿於懷的程度。

足球民族主義於九○年代和千禧年初達至高峰，有時甚至越過道德界線。國家隊在二○○六年世界盃附加賽對瑞士，次回合主場雖以4比2獲勝，但因總比數打和下作客入球不及對手而被淘汰。完場後，土耳其職球員懷疑在球場通道襲擊對手，並釀成打鬥，完全違反體育精神。事後國際足協對多名職球員禁賽，並剝奪土耳其數場主場賽事的權利。然而，國內媒體卻盲目護短，以各種陰謀論掩飾國家隊的過錯，亦對球迷的滋擾行為、仇外情緒和過激敵意毫無反省。諷刺的是，這種企圖以勝利證明自己、獲得西方認同，卻執著到近乎野蠻的狀態，反倒促成自我實現，成為西方眼中的「不文明國度」。

離開博物館前，我看到國父的半身銅像背後的展版，它重點強調於二○○九年歐洲足協盃決賽曾在此球場舉辦，卻令我聯想他們不堪回首的往事。球會曾於一九九一年為門將舒麥加

（舒馬克）舉行告別賽，並約戰馬德里體育會（馬德里競技俱樂部），最終卻因突然電力中斷而告吹。此事被視為國恥，媒體更以「在德國和西班牙面前的恥辱」和「歐洲正為此嘲笑我們」等形容。近二十年後，能夠成功承辦最後一屆歐洲足協盃決賽，相信對球會以至國家而言，既是一種認同與肯定，也有望解開多年的心結。

流動如水

我再度乘坐小輪橫越歐亞，卻被歷史變遷弄得頭昏腦脹。在思考和探索土國身分認同的過程中，愈感困惑。我明白身分認同或隨年代轉變，或因環境調整，對伊斯坦堡的城市階級、對黑海沿岸的農村人口、對國境東南的庫爾德族[15]，對世俗派、對穆斯林、對基督徒，都是截然不同的概念。身分認同既是主觀感受，

15 位於東南部城市迪亞巴克爾的球隊阿美德體育俱樂部（Amedspor），雖然只參加第四級別聯賽，但被視為庫爾德民族主義的球隊，廣受庫爾德族支持。球會因此背景屢受土耳其當局打壓，亦曾被土耳其極端民族主義者襲擊。

橫跨歐亞的伊斯坦堡，獨一無二。

亦是集體意識；既受統治者影響，也難被徹底支配，既有同質性，也具多元性，既會流動起伏，亦可兼容交疊，本來就無需斷言。

帕慕克深入描繪文化衝擊，但沒有刻意美化或批判任何一方，而是揭示相互交融的進程。我們不能無視分野和差別，但可以選擇跨越狹隘的民族及文明分界，摒棄本質主義，擁抱人文關懷的精神。

「我希望以文學來告訴讀者，重要的不是文明、東西方或黨派等之間的衝突，而是人的生活，是日常生活的細節與點滴。」腦海閃出他說過的這句話後，馬爾馬拉海上濕潤的微風溫柔地輕撫我臉，海鷗與浪濤開始合奏，數條海豚輕輕跳出閃閃發光的水面，變作清真寺的聖蘇菲亞依舊寬懷安坐，博斯普魯斯海峽笑而不語、處之泰然。

附註：

有學者認為，隨著球會外援比例大增、國際賽賽程頻密、球迷與歐洲球壇接觸增加並趨向成熟、歸化球員漸盛等眾多因素影響下，球場上的歐洲情結和敵意近年已有所緩和。

然而，足球民族主義似乎亦在悄然變化。

即使國家隊佳績如曇花凋謝[16]，統治者卻從未放棄利用足球，繼續藉以鞏固政治勢力

16 直至二〇二三年，土耳其國家隊僅曾出席一九五四年和二〇〇〇年世界盃決賽週，自一九九六年首次出席在歐國盃決賽週後，成績亦甚不穩定，甚至於二〇〇四年和二〇一二年兩度缺席。

和渲染民族主義[17]。土耳其於二〇一九年越境攻打敘利亞北部的庫爾德武裝分子，適逢國家隊進行歐國盃外圍賽期間，球員遂連續兩場以行軍禮形式慶祝入球，以表達對軍方的支持。土耳其足總更在網上發布球員行軍禮的照片，寫有「將勝利獻給我們勇敢的軍隊與烈士。」此等行為不僅得到國內網上言論的支持，傳媒也是口徑一致，不僅對軍事行動毫無異議，更作出英雄式的歌頌，足球成為政權的宣傳工具。

極端民族主義似乎勢頭旺盛，並跟足球交織在一起，但是否就如傳媒所述般代表主流大眾？必須警惕的是，現時土耳其社會的撕裂嚴重，但在政府操縱傳媒、打壓言論自由的情況下，異見無從發表，真相也誓必遠離。

17 埃爾多安多番吹噓其年青時代的半職業球員身分，被視為誇大的個人宣傳手法。在政發黨執政期間，在全國各地廣建現代化球場，既是以大型基建推動經濟，也被視為順勢拆除以國父命名的休閒場所，實現去凱末爾化。埃爾多安擅於以足球相關的手段鞏固政治地位，包括以利益籠絡球壇、建立親政府球會巴沙克舒希（伊斯坦堡BFK，Başakşehir）和展示與球星如奧斯爾的密切關係等。

譯名表

香港譯名	台灣譯名	外文	外文暱稱／縮寫
第二宗教			
加拉塔沙雷	加拉塔薩雷體育俱樂部足球隊	Galatasaray Spor Kulübü	Galatasaray
伊斯坦堡機場	伊斯坦堡機場	İstanbul Havalimanı / Istanbul Airport	
阿里・薩米揚球場	阿里・薩米揚球場	Ali Sami Yen Stadyumu	
簡東拿	艾瑞克・坎通納	Éric Daniel Pierre Cantona, 1966-	
列斯聯	里茲聯足球俱樂部	Leeds United Association Football Club	Leeds United
麥克馬納斯	約翰・C・麥克馬納斯	John C. McManus	
塔克辛廣場	塔克西姆廣場	Taksim Meydanı	
奧林波斯	奧林帕斯	Olympos	
比錫達斯	貝西克塔什體操俱樂部	Beşiktaş Jimnastik Kulübü	Beşiktaş
費倫巴治	費內巴切體育俱樂部	Fenerbahçe Spor Kulübü	Fenerbahçe
-	〈往日時光〉	Those were the Days, 1968	
伊諾努體育場	伊諾努體育場	İnönü Stadyumu	
博斯普魯斯海峽	伊斯坦堡海峽	Bosphorus Strait / İstanbul Boğazı	
-	阿塔索伊	Gözde Atasoy, 1986-	
安卡拉	安卡拉	Ankara	
伊茲密爾	伊士麥	İzmir	
特拉布宗	特拉布宗體育俱樂部	Trabzonspor	
阿瑪斯拉	阿瑪斯拉	Amasra	
奧斯爾	梅蘇特・厄齊爾	Mesut Özil, 1988-	
哈根・蘇古	哈坎・蘇克	Hakan Şükür, 1971-	
凱末爾	穆斯塔法・凱末爾・阿塔圖	Mustafa Kemal Atatürk, 1881-1938	
宗教學校	伊斯蘭學校	Madrasah	
哈里發	哈里發	Caliph	

香港譯名	台灣譯名	外文	外文暱稱／縮寫
黑襪隊	-	Black Stockings	
德瓦爾	尤普・德瓦爾	Jupp Derwall, 1927-2007	
多蒙德	多特蒙德足球俱樂部	Ballspiel-Verein Borussia 1909 e.V. Dortmund	Dortmund
紐尼・沙軒	努瑞・沙欣	Nuri Sahin, 1988-	
咸美・艾天托	哈米德・阿爾滕托普	Hamit Altintop, 1982-	
哈利・艾天托	哈利勒・阿爾滕托普	Halil Altintop, 1982-	
捷克	捷克	Česko	
德國	德國	Deutschland	
埃爾多安	雷傑普・塔伊普・艾爾段（也譯「艾爾多安」）	Recep Tayyip Erdogan, 1954-	
徘徊歐亞			
聖蘇菲亞大教堂	聖蘇菲亞大教堂	Ayasofya	
蘇丹艾哈邁德清真寺	蘇丹艾哈邁德清真寺	Sultan Ahmet Camii	
加拉塔橋	加拉塔大橋	Galata Koprusu	
巴扎	巴剎	bazaar	
薩爾科齊	尼古拉・薩科吉	Nicolas Sarkozy, 1955-	
默克爾	安格拉・梅克爾	Angela Merkel, 1954-	
庫爾德	庫德	Kurds	
荷蘭	荷蘭	Nederland	
奧地利	奧地利	Österreich	
東色雷斯	東色雷斯	Doğu Trakya / Eastern Thrace	
安納托利亞	安納托力亞	Anadolu / Anatolia	
利底亞	利底亞	Lidya / Lydia	
亞歷山大大帝	亞歷山大大帝	Alexander the Great, 356 BC-323 BC	
東羅馬帝國	東羅馬帝國	Eastern Roman Empire	
拜占庭帝國	拜占庭帝國	Byzantine Empire	
以弗所	以弗所	Efes	
阿卡迪亞大道	阿卡迪亞大道	Arcadian Way	
愛琴海	愛琴海	Ege Denizi / Aegean Sea	
塞爾蘇斯圖書館	塞爾蘇斯圖書館	Library of Celsus	

香港譯名	台灣譯名	外文	外文暱稱／縮寫
內姆魯特山	內姆魯特山	Nemrut Dağ	
波斯	波斯	Persia	
巴比倫	巴比倫	Babylon	
埃及	埃及	Egypt	
印度	印度	Republic of India	
卡美琴尼	科馬基尼	Commagene	
安提奧克斯一世	安條克一世	Antiochus I, 324 BC-261 BC	
宙斯	宙斯	Zeus	
阿波羅	阿波羅	Apollo	
海格力斯	海克力士	Hercules	
阿塔伽提斯女神	阿塔伽提斯女神	Atargatis	
科馬基尼女神	科馬基尼女神	Commagene	
坦志麥特	坦志麥特	Tanzimat	
帕慕克	奧罕・帕慕克	Orhan Pamuk, 1952-	
《純真博物館》		*Masumiyet Müzesi* / *The Museum of Innocence*, 2008	
芙頌	芙頌	Füsun	
凱末爾	凱末爾	Kemal	
梅爾泰姆	梅爾泰姆	Meltem	
通姆巴拉	通姆巴拉	Tumbala	
阿里士多德	亞里斯多德	Aristotélēs / Aristotle, 384 BC-322 BC	
《伊斯坦堡：一座城市的記憶》	《伊斯坦堡：一座城市的記憶》	*Istanbul: Memories and the City*, 2003	
邁哈邁特大樓	邁哈邁特大樓	Mehmet Apartments	
《我的名字叫紅》	《我的名字叫紅》	*Benim Adım Kırmızı* / *My Name Is Red*, 1998	
《雪》	《雪》	*Kar* / *Snow*, 2002	
正義與發展黨	正義與發展黨	Adalet ve Kalkınma Partisi	AKP
薩拉科格魯球場	薩拉科格魯球場（許克呂・薩拉吉奧盧體育場）	Şükrü Saracoğlu Stadium	
哈靈頓盃	哈靈頓盃	Harington Cup	
哈靈頓	查爾斯・哈靈頓	Charles Harington, 1872-1940	

香港譯名	台灣譯名	外文	外文暱稱／縮寫
AEK雅典	AEK雅典足球俱樂部	Athlitiki Enosis Konstantinoupoleos	AEK Athens
埃迪爾內	埃迪爾內	Edirne	
維也納	維也納	Wien	
舒麥加	麥可・舒馬克	Harald Schumacher, 1969-	
馬德里體育會	馬德里競技俱樂部	Club Atlético de Madrid	Atlético Madrid
		註腳	
加拉塔	加拉塔	Galata	
特拉布宗	特拉布宗	Trabzon	
伊斯坦堡	伊斯坦堡	İstanbul / Istanbul	
摩連奴	荷西・穆里尼奧	José Mourinho, 1963-	
國際米蘭	國際米蘭足球俱樂部	Inter Milan	
蒙達利	蘇利・蒙塔里	Sulley Muntari, 1984-	
卡比路	法比奧・卡佩羅	Fabio Capello, 1946-	
迪亞拉	穆罕穆德・迪亞拉	Mahamadou Diarra, 1981-	
伊基斯	梅赫梅特・埃基奇	Mehmet Ekici, 1981-	
查漢奴古	哈坎・恰爾汗奧盧	Hakan Calhanoglu, 1994-	
杜辛	堅克・托松	Cenk Tosun, 1991-	
馬利	尤努・馬爾勒	Yunus Malli, 1992-	
敘利亞	敘利亞	Syria	
伊朗	伊朗	Iran	
伊拉克	伊拉克	Iraq	
《色佛爾條約》	《色佛爾條約》	*Treaty of Sèvres*, 1920	
《洛桑條約》	《洛桑條約》	*Treaty of Lausanne*, 1923	
蘇丹	蘇丹	Republic of the Sudan	
阿卜杜勒-哈米德二世		Abdul Hamid II, 1842-1918	
-	吉雷松體育俱樂部	Giresun Spor Kulübü	Giresunspor
-	迪亞巴克爾	Diyarbakir	
-	阿美德體育俱樂部	Amed Sportif Faaliyetler Kulübü	Amedspor
巴沙克舒希	伊斯坦堡BFK	Istanbul Başakşehir Futbol Kulübü	Başakşehir

第六章 悲情哀歌：亞美尼亞&納卡地區

不存在的國度，還有足球嗎？

我首次接觸亞美尼亞，是因為獨遊伊朗。當時我身處嚴格禁酒的後者，全國只有亞美尼亞社群可以合法喝酒，我把這段經歷寫進首部作品《擁抱伊朗》。亞美尼亞自此成為我憧憬之地，沒想到多年後才有機會踏足。

我雖對高加索甚感興趣，但直到計劃行程時，才發現認識相當有限。我一直以為南高加索，就是格魯吉亞（喬治亞）、阿塞拜疆（亞塞拜然）和亞美尼亞三國，誰知還出現一系列「奇特」的名字，諸如南奧塞梯、阿布哈茲、納希切萬（納希契凡）和阿爾察赫等，一系列近乎聞所未聞的主權爭議國家或飛地，令人頭昏腦脹，同時又眼界大開。

南高加索的局勢錯綜複雜，牽涉列強爭霸、民族遷徙、宗教發展和地緣政治等因素，可謂文明衝突的範例，也是國際關係的教材。假如我以足球和旅行作為切入點，不知會有何發現呢？

苦難的民族

我來到首都葉里溫，隨即被她所吸引。這裡甚有共產風格，從樸實無華的無名建築、近百年歷史的國家歌劇院，到宏偉的葉里溫階梯，都足以滿足旅人的想像。可是，葉里溫絕非一般沉悶的共產舊城，相反她散發著獨一無二的風采。由於大量使用粉紅色火山岩為建築素材，故她亦有「粉紅都市」之稱。我在市內行逛，沉醉在迷人色調與異國風情之中，時而細看特色教堂、時而欣賞標緻美人，倍覺輕鬆寫意。我眼見林立的葡萄酒酒吧總是客似雲來，跟多年前的印象相符，不禁會心微笑。

種族滅絕

我在亞美尼亞遇上許多親切的本地人，旅程也多姿多彩，但卻不時心情沉重，皆因若直視其血淚史，難免痛心。事實上，整個高加索一直都命運多舛。長久以來，高加索素以多元化著稱，區內人口雖稀，卻遍布各色民族，其傳統和語言得以保留，而有「語言之山」之稱。而且，高加索位處文明交匯要衝，在統治者影響和民間頻繁交流下，宗教發展蓬勃，不論基督宗教、伊斯蘭教或瑣羅亞斯德教（祆教）都曾經長足發展。可惜，這深具戰略價值的地區，卻是著名的「火藥庫」。近數百年來，雖處帝國邊陲，又屬衝突前線，屢屢作為列強較技的擂台，並因而遭逢劫難。

歷史上，亞美尼亞人雖曾數度建國，但亦屢遭其他民族統治。直至十九世紀，鄂圖曼、俄羅斯和波斯三大帝國仍竭力爭奪南高加索的控制權。當時的亞族人主要散居在鄂圖曼境內的西亞美尼亞、沙俄治下的東亞美尼亞以及南高加索鄰近地區，雖無其民族國家，但仍懷有強烈的身分認同與凝聚力。

其時，居住在西亞美尼亞的族人既因作為異教徒而受制度歧視，又被地方權貴壓榨欺凌，亦遭其他少數民族侵擾掠奪，生活艱苦。他們為此作出申訴，並期望鄂圖曼晚期的改革能保障其平等權利，甚至提升其自治地位。然而，體制內的訴求成效不彰，亞族人遂利用列強向當局施壓，以落實改善人權和自治等改革要求。適逢鄂圖曼在戰爭中接連受挫，領土大幅減少，步向衰亡之際，對境內的亞族的懷疑與日俱增，終致二十世紀的首場種族滅絕慘劇。

每位到訪的旅人都應參觀種族滅絕博物館，以了解這段血色的歷史。博物館內收錄大量鄂圖曼時期的圖像、相片、地圖和史料等，致力控訴這場人道浩劫。博物館內記敘亞族於鄂圖曼時代的生活和發展，且在帝國不同範疇都頗有貢獻。當感受到他們作為少數族裔和異教徒的不公平待遇和無力後，便明白其抗爭的合理性。

博物館以時序逐步揭露這場有組織的種族滅絕。當時，鄂圖曼不僅未有重視亞族的訴求，甚至視之為威脅，認為亞族藉故勾結外國勢力以圖獨立，並對其深懷敵意。於是，時任蘇丹阿卜杜勒・哈米德二世放任其名下軍團，進行針對亞族（和亞述人）的血腥殺戮，於一八九四至一八九六年間，估計有二十至三十萬亞族人喪生，史稱「哈米德大屠殺」。

青年土耳其黨人於一九〇八年的革命，成功罷黜哈米德二世，恢復憲政，一度讓亞族人以為曙光將至。然而，帝國內的穆斯林對亞族人已心存敵意，在各界煽動下，各地開始發生針對後者的暴行，其中南部城市阿達納，更於一九〇九年發生歷時達一個月的殺戮，造成近三萬人死亡，被稱為「阿達納大屠殺」。亞族人一度支持改革，但眼見國家權力故意不作為或甚參與暴行後便已然心死，認清對方為追求同質化的極端民族主義者。

然而，最可怕的厄運即將迫臨。當鄂圖曼於一戰慘敗之際，便將敗戰責任歸咎於國內基督徒，並指控亞族集體叛國、串通俄羅斯，以轉移國內民怨，並自一九一五年起分三階段實行種族滅絕的計畫。帝國先將六萬名被徵召入伍的亞族男子解除武裝，並進行集體處決，以消除抵抗力量。帝國隨即將數百名亞族精英逮捕並殺害。最後，再頒布法令驅逐亞族人出境，強迫數十萬老弱婦孺踏上死亡之旅，流放至敘利亞沙漠地區等地，過程中數十萬人被屠殺、姦汙和虐待，無數人死於飢餓或疾病。

我從照片中看到瘦骨嶙峋的孩子、遍體鱗傷的婦女、公開絞刑的死者和眼神絕望的難民，早已感到呼吸困難，難以承受。我作為人類，實在難以接受這些屍橫遍野和慘無人道的畫面。然而，歷史必須被正視，不能自欺欺人。時至今天，土耳其仍然否認這些造成逾百萬人死亡的種族滅絕罪行。

離開博物館後，我來到旁邊的紀念碑。紀念碑由十二塊四十公尺高的石碑組成，彷如豎立在荒涼山丘上的墓碑，象徵現今版圖失落的十二個地區，中央是獻給死難者的永恆之火。我上前憑弔，腦海不絕地浮現剛才看過的許多張朦朧的臉。政治領袖、教授、神職人員、作家、科學家、主婦、農民等……無論是誰，都曾是有血有肉的人，卻因其民族和宗教而遭逢不幸。即使我並無宗教信仰，都跪地禱告，祈願逝者安息、公義彰顯。

失去聖地

翌日，我前往霍爾維拉普修道院，藉宗教進一步了解本國。我在公路旁下車，慢慢朝修道院走去。修道院位處小山丘上，背景的雪山若隱若現，正是明信片中的畫面，令我更為期待。

我沿路上坡，經過幾座翌立的哈茨卡爾十字石碑，到達修道院的入口。

種族滅絕博物館外的紀念碑。

破損的哈茨卡爾十字石碑。

達迪萬克修道院內的木雕歷史悠久。

哈茨卡爾十字石碑彷若此行的引言，提醒我本國宗派的獨一無二。哈茨卡爾雕刻精緻，是亞美尼亞藝術和信仰結合的象徵，每一座都因裝飾、圖案與性質而與別不同，時以用作紀念逝者、禱告或記錄重大事件。眼前的兩座哈茨卡爾差別甚大，左邊的主要是以圖案圍繞十字架，右邊的則在十字架下方以人物訴說故事。

雖然我不太懂石碑的內容，但至少知道修道院跟亞美尼亞國教的源起息息相關。霍爾維拉普的意思為深坑，相傳當時的國王梯里達底三世因私怨而將神職人員格列高利囚禁在此處地底六尺下的深坑十數年之久。其後，格列高利奇蹟地把失常的國王治療，令後者皈依信仰，並於三〇一年成為世界上首個把「耶教」定為國教的國家。

自此，亞美尼亞使徒教會奠定與民族的緊密關係，成為亞美尼亞人的精神支柱和身分認同。[1]教會對整個民族身分的建立至關重要，既因其作為民族信仰，亦因其在語言文字上的貢獻。四〇五年，神學家和語言學家馬什托茨創造亞美尼亞文字，並將聖經翻譯為亞文。歷史上戰禍連連的亞美尼亞人，隨時有覆亡的危機，但卻憑藉有如全民運動般的書籍抄寫，有意識地使其文化得以保存。數世紀以來，人們在修道院和隱居處埋首各家論述和著作，留下數以十萬計的手抄本，成為民族以至人類文明的瑰寶。無論身處何地，亞族人都從小被灌輸民族身分的概念，他們必須參與亞美尼亞彌撒、參加族群活動和閱讀母語書籍等，讓民族認同代代相傳。

[1] 亞美尼亞使徒教會自成派系，獨立於天主教、東正教和新教等三大耶教主流，在信仰上有獨立的詮釋，如尊崇耶穌一性論而非二性論。此外，此亦為民族信仰，即只有生為亞美尼亞人才可入教。

從霍爾維拉普修道院遠眺亞拉臘山。

正如《邊境》一書所言：「詞彙、語言及以此語言所創造的文字作品，成為亞美尼亞人穿越歷史的方舟。」

回程之前，我再度回望修道院，雲霧已然散去，高聳宏偉的亞拉臘山（亞拉拉特山）清晰可見。根據聖經記載，亞拉臘山為挪亞（諾亞）方舟的最後停息處，被視為神聖之地，也是教會和文字以外，凝聚亞美尼亞人的精神符號。亞美尼亞人自視為挪亞的後人，將之視為民族的聖山。亞拉臘山作為國族認同的象徵，其名稱或輪廓幾乎無處不在，包括國徽、貨幣、酒廠和球會等。頗為諷刺的是，這座聖山今天被劃在土耳其的國境，亞族人可望而不可及。

我不知道亞美尼亞人是否真是挪亞的後裔，只肯定他們曾經在那邊存在過。然而，那些亞族人曾經的居住地，今天已被土耳其化，數百年來的生活痕跡，幾乎都被強行抹去。不僅地名被更改，古蹟被破壞，連所有銘文都被抹掉。曾經比肩君士坦丁堡的古城阿尼，今天只剩下河谷旁的頹垣敗瓦，無比荒涼。鄂圖曼的殲滅行動，不僅令生靈塗炭，還包括文化種族滅絕。

一戰之後，戰敗的鄂圖曼與列強簽署《色佛爾條約》，列強意圖瓜分前者之餘，亦承認亞美尼亞為自由和獨立的國家。唯亞美尼亞最終不敵土耳其人後，簽訂《亞歷山卓堡條約》（亞歷山德羅波爾條約），只能將戰前六成疆域割讓，形成現今大幅縮小的國境，自此只能遙望聖山。而一度短暫建國的第一共和亦終被紅軍所占，亞美尼亞成為蘇聯的一部分。

無力自主

若有人問：「亞美尼亞有甚麼最享負盛名？」答案相信是棋藝與白蘭地之爭。（毫無疑問，足球不在考慮之列。）我對於棋藝一竅不通，但對杯中物愛不釋手，自然選擇參觀當地酒廠。

亞美尼亞釀酒歷史悠久，號稱有數千年歷史，與近鄰格魯吉亞爭奪「最古老葡萄酒國」之名。我所參觀的亞拉臘博物館，是以亞拉臘為品牌之名的酒廠，亦是亞美尼亞白蘭地源起之地。在我渡橋之時，已見眼前一座大型建築物頂寫有醒目的「ARARAT」大字，倍感期待。

我參加的行程包括導賞、博物館和品酒，甚為豐富。導賞員先以本國地圖，講述生產過程中各區域的分工，例如種植、蒸餾和製桶等程序大多在外省進行，而首都廠房則負責陳年、混合和入樽等。導賞員表示這裡的白蘭地只採用本國種植的葡萄，並以國內百年老樹製成的橡木桶陳釀，是名副其實的「亞美尼亞製造」，讓我心生敬意。本酒廠作為國家代表，歷年吸引不少名人來訪，而東道主也向貴賓們慷慨送出酒桶作為謝禮。我看著眼前排列整齊的酒桶上，各自寫上各國政要的名字，比牆上的照片更為壯觀。導賞員在玻璃展示廳前，為我們補充酒廠和亞國白蘭地的簡史。酒廠原為葉里溫白蘭地公司，自一八八七年成立，雖曾易手及重組，但一直為國內龍頭，無論歷史或名氣皆首屈一指。本酒廠更於一九〇〇年巴黎世博會上贏得大獎，獲得冠以干邑之名的合法權利。於蘇聯時代，酒廠被收歸國有。其時，亞美尼亞被指派專注生產白蘭地，葡萄酒的重任則交付予格魯吉亞和摩爾多亞。高峰時期，亞美尼亞生產的白蘭地數量占全國四分之一，而且其品質之佳，甚至為英國首相邱吉爾所推崇。參觀尾聲，終於來到萬眾期待的品酒環節，我聽從導賞員的指導搖杯，欣賞琥珀色的酒體、細看掛杯的酒淚、分辨層次複雜的芳香，最後才細意品嘗美酒。

酒香在口腔迴盪間，我望著杯中酒淚沉思，想起本國因被蘇聯主導而改寫的命運。當時，由於亞美尼亞被指派專注生產白蘭地，致令白葡萄獨尊，製作紅酒的葡萄品種被打入冷宮。及至八十年代的限酒令下達，隨即嚴重影響國內葡萄園和酒廠。當權者的決定，無論對錯、不問原由，亞美尼亞國民始終無力自主，生產模式如是、邊境安排如是、工業汙染如是，少數民族政策如是……或許生產白蘭地尚為本國專長，雖無法自主，仍可接受，但領土安排，則影響深遠。

在參觀之初，雖然導賞員沒有明言，但我留意到地圖上有一片未被連接的版塊，那是被稱為納戈爾諾–卡拉巴赫的地區（簡稱納卡地區），亦為亞美尼亞未能割捨、困擾百年的爭議之地。納卡一詞混合俄語、波斯語和突厥語，有「高地的黑色庭園」之意，也恰恰映照出這地區的歷史和命運。

早於五世紀時，納卡地區已被視為亞美尼亞人捍衛基督宗教、抵抗波斯宗教同化的根據地，到後來信奉伊斯蘭教的突厥人大舉遷入高加索，各族在包括納卡地區等地長期混居和融合，但民族與宗教矛盾亦隨年月累積。十九世紀初，沙俄吞併南高加索後，因戰略考慮，從波斯和鄂圖曼向包括納卡在內的亞美尼亞省遷入近十三萬亞族人，驟然改變區內人口結構，間接引發日後該區亞阿兩族的衝突。十月革命爆發後，兩國與格魯吉亞雖合組外高加索聯邦，但仍因為納卡地區主權爭議而衝突不斷。

蘇聯入主初期，對於納卡地區所屬舉棋不定，雖曾一度打算劃歸亞美尼亞，卻終因拉攏土耳其、討好穆斯林世界和「分而治之」的策略，將以亞族人為主的該區定為阿塞拜疆的自治州，隨即遭到亞族人強烈反對。到六〇年代，亞族人的呼聲再起，各界先向蘇聯當局發起聯署，主張把納卡地區轉移，其後更藉種族滅絕慘劇五十周年，發動大型示威，要求當局承認種族滅絕，並重申與納卡地區合併的意願。當時的緊張局勢逐漸升溫，並引發區內暴力事件和邊境衝突，終需蘇聯當局介入始告平息。

隨著蘇聯搖搖欲墜，納卡地區於八〇年代末再度風起雲湧。萬人聯署、大型示威、地區種族暴力等再度重演，但這次蘇聯已無力阻止。一九八八年納卡自治州宣告脫離蘇聯，準備併入亞美尼亞後，局勢更形險峻，兩國族民開始大規模流離[2]，阿塞拜疆亦對納卡地區和亞美尼亞進行經濟封鎖。一九九一年，納卡地區在阿族居民抵制的情況下進行公投，並依據結果宣告獨立，以古亞美尼亞王國的所屬省分之稱為名，是為阿爾察赫共和國。

蘇聯解體、兩國獨立後，第一次納卡戰爭全面爆發，這場地區領土爭議也上升至國際層

---

[2] 當時納卡地區的十八萬人口大約四分之三為亞族人，四分之一為阿族人。除納卡地區外，數十萬原居對方境內的族人也因人身安全考慮而離開居住地，他們或向本國遷移，或前赴其他高加索地區和俄羅斯，一夜間失去家財、漂泊流離。

面。俄羅斯雖然官方上宣稱中立，但較偏袒亞美尼亞和阿爾察赫，或至少希望她們保持不敗，而阿塞拜疆則得到同屬突厥穆斯林的土耳其明確支持。[3]在這場戰爭中雙方都死傷慘重、國力耗損，終於在俄羅斯斡旋下，促成一九九四年的停火協議。然而，停火協議只讓衝突暫且凍結，納卡地區的命運依然懸而未決。

歐洲安全與合作組織為此建立專責的明斯克小組，由俄羅斯、美國和法國領導下，旨力尋求解決方案。可是，兩國背後各有大國撐腰，且因深仇大恨而爭持不下，加上國內政治壓力影響下亦難以妥協，致令多年來各和解方案皆未能取得共識。如是者，阿爾察赫自建國以來，一直未被國際承認，雖為亞美尼亞人實際控制，但在法理上仍屬阿塞拜疆領土，令民眾生活處處受限，各類發展裹足不前。

亞拉臘博物館內有一處名為「和平角」的空間，中間放置了一桶酒，背後是各持份者的國旗，牆壁則供參觀者留字。酒桶被冠以和平之名，展板寫著「藉二〇〇一年明斯克小組大駕光臨之機陳釀，期許於納卡衝突圓滿解決時開桶暢飲。」我輕

納卡地區衝突不斷，和平酒桶開桶無期。

3 在種族滅絕博物館中，除了記錄二十世紀初那場浩劫以外，還將阿塞拜疆戰爭和納卡地區爭議，視為土耳其人對亞族迫害的延伸。亞美尼亞不少人把土耳其和阿塞拜疆視為同一民族及世仇。

撫和平酒桶，細看牆上留言，百感交雜，既許和平之願，也立明志之誓。

沃伊切赫・古瑞茨基在《邊境》一書中，引述俄羅斯作家耶利厝夫將亞美尼亞與猶太相題並論之說。這兩個民族同樣是自古以來受盡奴役，也經歷慘無人道的劫難，但他們不僅倖存，反倒在不利環境下更為堅強和發揮能力。他們都擁有大量海外離散人口，且有無可動搖的信仰、代代相傳的家庭教育和擅於累積財富的能力，以至於歷盡災劫下仍未被消亡，並得以持續和發展。相對而言，亞美尼亞人的不幸未如猶太人般為大眾所熟知，但這兩個民族的意志和智慧，確有值得借鑑之處。

背負民族之名的足球

我從亞拉臘酒廠沿路往北走，抵達赫拉茲丹球場。球場位處赫拉茲丹河谷，依地勢而建，能遙望山上的種族滅絕博物館。球場呈橢圓形設計，唯獨靠坡的西看台稍高，並以藍底白色字寫有「Hrazdan」之名，其他看台則以紅橙黃等暖色作基調，在冬日枯黃的山谷中格外奪目。

當年共產政權為慶祝亞美尼亞蘇維埃共和國建立五十周年，以五百萬盧布和十八個月的時間，興建這世界首座依山勢而建的球場。這座蘇聯第四大球場終趕及於一九七〇年建成，並由蘇聯領導人布里茲涅夫主持開幕。自此，赫拉茲丹球場跟亞國足球歷史緊急相連，直至近年始被取代。

然而，亞國足球史遠不止於此。鑑於其屢遭列強欺壓的「苦難」民族特性，大規模流亡已是國族史的重要構成，故此在討論該國歷史時，自當跨越國境，包括國內與離散的亞美尼亞人，卻因而難以為其序章作統一的介定。

早於英國人將足球傳入鄂圖曼時，當地的亞美尼亞社群已參與足球活動。二十世紀初，具亞美尼亞背景的球會不僅出現在伊茲密爾、君士坦丁堡和阿達納等鄂圖曼帝國城市，也見於俄羅斯帝國境內的舒什（舒沙）、巴庫和底比利斯（提比里斯）等地，甚至印度的加爾各答亦然。儘管各地的亞美尼亞人社群積極參與足球，但直到一九二〇年，本土國境才首次舉行正式的足球比賽，並自此緩慢地發展。

蘇聯時代

亞美尼亞作為蘇聯面積最小的共和國，可謂遠離核心，不時難免輕易被犧牲。葉里溫戴拿模（Dinamo Yerevan）於一九四八年成為首家擠身蘇聯頂級聯賽的本國球會，雖無力挑戰莫斯科霸權，更於兩季後降班，但也並非任人魚肉。就在一九四九年的聯賽中，他們在主場一度領先四屆冠軍莫斯科戴拿模（莫斯科發電機足球俱樂部，Dynamo Moscow）3比0，卻因受到中央勢力人士的壓力，被迫以3比4落敗，後者最終亦「贏得」當屆聯賽冠軍。一九五四年，葉里溫斯巴達（Spartak Yerevan）狀態火熱，賽季保持不敗兼二十七場不失球。葉里溫斯巴達更在蘇聯盃長驅直進，殺入決賽，有望創造歷史。然而，適逢當年為烏克蘭和俄羅斯統一三百周年，中央有意讓兩國各得一項冠軍[4]。結果，在球證偏袒和禁藥疑雲下，基輔戴拿模（基輔迪納摩足球俱樂部，Dynamo Kiev）捧盃而回，葉里溫斯巴達只能「啞子吃黃連」。

自從史太林（史達林）於一九五三年去世後，蘇聯中央對國家的控制力度有所放寬，莫斯科以外的球隊得以在較平等的環境下競爭。於是乎基輔戴拿模成為首個莫斯科以外的雙冠王，而格魯吉亞的底比利斯戴拿模（提比里西迪納摩足球俱樂部，Dynamo Tbilisi）也得以首嘗頂級聯賽冠軍滋味。長期被欺壓的小國亞美尼亞，也吐氣揚眉，於七十年代迎來本國足球史上最風光的時刻。

雖然名字不同，但寫下歷史的一直是同一家球會。在中央的控制下，球會多年來只能以斯巴達或戴拿模等「蘇聯特色」為名。直至六三年，球會才能改用民族象徵的聖山為名。自一九六六年起，葉里溫亞拉臘（亞拉拉特葉里溫足球俱樂部，Ararat Yerevan）便一直在蘇聯頂級聯賽占一席位，直到解體為止。球會站穩陣腳後，成績穩步上揚，陣容和踢法越見完整和成熟，終於在一九七三年收成正果，勇奪頂級聯賽和盃賽雙冠王。

在蘇聯十五個成員國中，當然地以俄羅斯為首，烏克蘭次之，皆可謂權力核心之內，其超然地位可在足壇反映。如以蘇聯頂級聯賽名額為標準，後者有五位常客，前者更是幾近壟斷，單單在莫斯科就已有戴拿模、莫斯科中央陸軍（莫斯科中央陸軍足球俱樂部，CSKA Moscow）、莫斯

4 一九五四年，烏克蘭的基輔戴拿模和俄羅斯的莫斯科戴拿模分別奪得蘇聯盃和蘇聯頂級聯賽冠軍，非常「政治正確」。

科火車頭（莫斯科火車頭足球俱樂部，Lokomotiv Moscow）、莫斯科斯巴達和莫斯科魚雷（莫斯科魚雷足球俱樂部，Torpedo Moscow）等數家老牌球會，還未計算辛尼特（聖彼得堡澤尼特足球俱樂部，Zenit Leningrad）等首都以外的勢力。相比之下，亞美尼亞和格魯吉亞等小國資源有限，基本上只有一家球會可以擠身頂級聯賽之列，但亦因而成為民族認同的載體，猶如國家隊般的存在。球迷們經常坐滿赫拉茲丹球場，高喊「Hayar, Hayar.」[5]，為葉里溫亞拉臘打氣。

葉里溫亞拉臘的成功，就彷如大衛打敗巨人的故事。他們先於聯賽長跑中脫穎而出，再闖進蘇聯盃的決賽。他們的決賽對手基輔戴拿模，既是當屆聯賽中的主要競爭者，亦是一九五四年決賽的舊仇。決賽雖在莫斯科上演，但無阻一萬五千名亞拉臘球迷不惜千里前往現場支持。最終，亞拉臘在球迷高呼民族之名的打氣聲下，成功反勝對手登頂。國內隨即瘋狂慶祝，數以萬人湧進葉里溫，汽車徹夜響號、民族主義歌聲四起，共和國廣場的列寧像背面被畫上「8」字[6]。國民彷彿要將多年埋藏心底的烏氣，都借足球之名盡吐。

我走到球場外不遠處，一座名為「Ararat 73」的扇形小廣場。近二十個雕像在小廣場內分三排而立，正是當年締造傳奇的陣容。這段「有今生，無來世」的共同回憶，於五十年後的今天仍然為人津津樂道。攀上高峰的亞拉臘極力延續夢幻旅程，他們以蘇聯冠軍的身分取得歐洲

5 「Hayar」即亞美尼亞人的意思，因亞美尼亞人自稱是挪亞的曾孫海悅克（哈伊克）的後人，故也稱自己的國家為「Hayastan」。

6 蘇聯盃決賽，葉里溫亞拉臘在落後一球的情況下，由後備入替的8號球員 Levon Ishtoyan（1947-）分別於八十九分鐘及加時一〇三分鐘的入球莫勝。

盃參賽資格，並於八強挑戰拜仁慕尼黑。球隊雖於作客時以0比2不敵碧根包華（貝肯鮑爾）帶領的拜仁，但次回合在坐滿七萬名球迷的赫拉茲丹球場，仍有力以1比0取勝。雖然球隊止步於此，但給予衛冕冠軍當屆唯一敗仗，且在最高水平賽事中證明自己，已足以讓國民引以為榮。同年，亞拉臘再奪蘇聯盃冠軍後，便結束他們短暫的黃金歲月，直至蘇聯瓦解前，球會都未能再染指錦標。

我告別已經荒廢的赫拉茲丹球場，從「Ararat 73」繼續前行，抵達佩歷克（葉里溫鳳凰足球俱樂部，Pyunik Yerevan）的訓練中心。假如將亞國足球史分為蘇聯和獨立時期，前者的代表是亞拉臘，後者的代表則是佩歷克。佩歷克的意思為「鳳凰」，是成立於一九九二年的足壇新貴，在財雄勢大的班主支持下，迅即成為近代最成功的球會。

獨立以後

亞美尼亞於一九九一年自蘇聯獨立，開始漫長崎嶇的轉型適應之路。如同其他共產倒台的國家，國內深受制度混亂、貪汙腐敗、幕後操縱和財務危機等問題困擾，而佩歷克以至整個足壇的混亂，也象徵性地反映國情。雖然佩歷克以霸主姿態壟斷獨立後的國內足壇，但在歐洲賽場卻乏善可陳，反映本國足球水平跟歐洲主流相去甚遠。亞美尼亞超級聯賽近年常為歐洲規模最小的職業聯賽，加上國內球會不時陷入倒閉危機，令整體足運發展更舉步為艱。

距離大教堂十五分鐘步距，是另一個具代表性的球場——共和國球場。這裡的前身為蘇聯時代的戴拿模球場（迪納摩體育場），自千禧年代兩度復修後，成為符合歐洲足協標準的四星球場，也是現時國家隊的主場。共和國球場的規模有限，無法跟曾創下本國入場紀錄的赫拉茲丹球場相提並論，但其現代化工程，多少象徵著有所改善的國家經濟。

我冒著冷風來到正門，簡單地參觀球場一遍。球場主看台的外牆建有一道拱門，輔以柱廊和神話人物雕像等裝飾，頗有古典風格。由於正值寒冬，我未能觀看任何賽事。唯因國家隊無論成績或水平都未見突出，也談不上可惜。反倒是本球場的命名和多宗足球相關事件，都在訴說歷史與命運仍牢牢束縛本國及其足球。

納卡戰爭早於八〇年代末便告爆發，且長期處於臨時停火階段，猶如一觸即發的活火山，動輒影響兩國命運。多年來，兩國皆活在戰爭陰影之下，爭議與仇恨無處不在。一九九九年，亞美尼亞發生的議會恐襲事件，八名政要被槍殺，震憾國內外。在受害人名單中，當時掌握實權的總理及前國防部長薩爾基相赫然在列。此後，共和國球場冠以其名，以紀念這位在納卡戰爭屢獲功績、尋求合併的軍政強人。彷彿國家隊的每場主場作賽，都在在強調兩國間的世仇。

然而，從獨立至今到可見的將來，共和國球場似乎都不會接待其宿敵。即使遠在塞浦路斯，二〇〇六年兩國U－19代表隊的一場對壘，都以群眾騷亂收場。二〇〇八年歐洲國家盃外圍賽，冤家路窄的亞阿兩國被編進同一組別，隨即引起連串風波。阿塞拜疆堅拒前往亞美尼亞，亦拒絕讓對方入境，要求移師中立場地作賽。在多番擾攘之下，歐洲足協最終決定取消兩場比賽，雙方皆得零分，可謂雙輸。從此，歐洲足協更在賽事抽籤中刻意分開兩國。

兩國勢成水火的局面，不僅見於國家隊層面，亦牽涉球會級賽事甚至個人。二〇一八至二〇一九球季歐霸盃賽事，當時效力阿仙奴的球星米希達恩（姆希塔良）[7]先後於分組賽和決賽拒絕前往阿國作賽。由於阿塞拜疆全面禁止亞美尼亞人入境，故米希達恩如需前往，必須得到對方首肯。有見及此，阿塞拜疆當局曾表示願意批出特別簽證，但米希達恩以個人安全為由拒絕隨隊出征。[8]

所有跡象都表明，若要了解兩國的處境，就必須了解納卡地區。適逢我到訪之時，納卡地區相對平靜安全，我便毅然深入風眼位置，進入地圖上「不存在的國度」。

「不存在的國度」的真實存在

由於景點分散，加上公共交通頗有限制，我們選擇租車自駕，由葉里溫出發，前往並通過阿爾察赫，以逆時針方向繞一圈回到出發點。雖然亞美尼亞並非熱門旅遊國，但自然和人文資源皆非常豐富。我沿路看盡雪地湖色和高嶺幽谷，也在諾雲凡修道院和塔特夫修道院等驚嘆建築與地貌配合得優美如畫。我沉醉在神祕的亞美尼亞巨石陣，也在飢寒交迫之際得到當地人熱

7 米希達恩，為八〇年代著名前鋒哈姆雷特・姆希塔良之子，出身在佩歷克，先後效力多蒙特（多特蒙德足球俱樂部，Borussia Dortmund）、曼聯、阿仙奴和國際米蘭等勁旅，被視為亞美尼亞近代足球史上最佳球員。

8 米希達恩至少三次拒絕前往阿塞拜疆作賽，其分別是二〇一五年多蒙特對加巴拉（蓋貝萊）、二〇一八年阿仙奴對卡拉巴克和二〇一九年在巴庫舉行的歐霸決賽阿仙奴對車路士（切爾西足球俱樂部，Chelsea）。（截至二〇二三年）

情的款待（和拯救）。

我駕車翻山越嶺，穿插蜿蜒山路間，終於來到「邊境關卡」，卻發現輪胎破損漏氣，幸得熱心的旁人協助，方可繼續前進。關員態度友善，也向我表達關心，只差無暇幫忙。我入境時只需登記簽證，關員亦沒有在護照上蓋章。阿爾察赫雖然宣稱獨立，但兩者國旗極為近似，而無論是貨幣、車牌或語言等，都跟亞美尼亞互通，實際運作上幾近合併，但為免招人口實，亞美尼亞在官方上未有承認其國家地位。

阿爾察赫國土幅員不大，海拔平均高於一千公尺，高地景色吸引，也有深具歷史文化價值的景點，例如達迪萬克修道院（達季萬克修道院）和甘扎薩爾修道院等。首都斯捷潘納克特談不上有甚麼吸引的景點，但來到「不存在的國度」，更重要的是接觸本地人、觀察市容和感受社會氣氛。

斯捷潘納克特的範圍不大，建築頗有共產遺風。許多重要的建築，如總統府、國民議會、政府大樓、國立銀行等，都集中在中央廣場一帶，不少居民都在附近公園行逛，感覺頗為舒適。公園和廣場一帶掛滿橫幅，展示與本國關係密切的相片，如遊行示威、軍隊演練、文化地標和立國儀式等，猶如極簡約的露天博物館。

跟中央廣場僅一街之隔，就在一家銀行建築的背後，我發現一個廢棄遊樂場。遊樂場面積細小，但也有微型的摩天輪、飛天鞦韆、旋轉式軌道列車等設施。遊樂設施仍然色彩繽紛，但曾經的歡樂與笑聲已然不再，只剩下雜草和鐵鏽。我沒想過在市中心的「繁華地帶」，竟有如此空置的廢墟。也許面對隨時再臨的戰火，誰都沒動力重建這裡。雖然我在斯捷潘納克特的時間非常有限，但我感覺這裡的人都在努力地過正常生活，也盡可能地活在當下。

其後，我到訪本市的著名地標——「我們是我們的山」（We Are Our Mountains）紀念碑。這一座兩公尺多的雕像，由火山岩製成，為一對年長男女的頭像，又被親切地稱為「爺爺嫲嫲」（爺爺奶奶，tatik-papik）。紀念碑建於一九六七年，迅速成為阿爾察赫的象徵符號，更見於國徽和貨幣之上。當局在展板上以不同語言介紹這座引以為傲的民族標誌，並詳細道出其含義：爺爺嫲嫲並沒有身軀和腿部，是因他們已深深植根在這片土地，而他們一高一矮並排而立，也象徵大小亞拉臘山。「我們是我們的山」是一道宣言，表達亞美尼亞人與納卡地區的連繫。

在我忙於拍攝之時，遇到一個亞美尼亞人家庭。我被邀請為他們在「爺爺嫲嫲」前拍攝家族大合照，並因而攀談起來。原來他們當年以難民身分逃離，現已舉家在美國居住。他們這次特地回國，是為女兒安排相親和婚事，男方是本地的亞族青年。少女表示這

尋訪隱祕的馬托薩萬克修道院（Matosavank Monastery），過程猶如探險。

諾雲凡修道院和哈茨卡爾十字石碑。

是她平生首次回到故鄉，對於這類媒妁婚姻也沒甚麼抱怨或抗拒。（即使她有怨言，也不會在父母面前告訴我這陌生人吧。）我從未想過竟有離散海外的亞美尼亞人會特地回國促成婚事。也許正是因為他們無論身在何地，仍然心繫國土，重視其身分與傳承，才令民族之火不致熄滅。

足球勢力的另類戰鬥

自從停火協議生效後，雖然雙方多年來仍偶有衝突，但總算是將戰火暫且冰封。來自納卡地區的兩國足球勢力，則在另一戰場上角力。

納卡戰爭不僅造成生靈塗炭、數十萬人流離失所，也徹底改變區內居民的生活。在阿塞拜疆，許多戰時難民流落至首都巴庫，住在帳篷、棚屋、廢墟甚至廢棄火車廂中，等待事過境遷後回到原居地，卻一等便是十數年，仍未看到盡頭。因為戰爭而流落巴庫的，除了難民，還有球會卡拉巴克（卡拉巴克足球俱樂部，Qarabağ Ağdam）。

卡拉巴克原是納卡地區邊陲城市阿格達姆的球會，隨著戰爭爆發，故土成為戰場，球場化作瓦礫，約四萬阿族人被迫離鄉別井。自此，卡拉巴克移師首都巴庫，以流亡球會身分繼續參與阿塞拜疆聯賽。然而，卡拉巴克並沒有因此而衰敗，其獨特身分反倒吸引大量資金和注意。球會表面上被Azersun食品公司所收購，但觀乎其班主與政府的密切關係，不難想像資金來源和背後的政治意圖。在國家巨額資金支持下，球會得到國內球壇的統治地位，自二〇一三至二〇二三年起的十個球季中九奪聯賽冠軍、六度晉身歐霸盃分組賽，並於二〇一七年成為首家打進歐聯分組賽的阿塞拜疆球會。卡拉巴克作為球會，通過歐戰舞台的成功，有機會登上歐洲媒體的體育版面，並作為對外宣示主權的途徑。球會藉新聞稿、傳媒訪問和社交媒體等方式，爭取話語權和國際同情，發表阿塞拜疆在納卡問題中的論述。當「卡拉巴克是阿塞拜疆球會」的概念成為他人先入為主的主流時，便已達到潛移默化的目標。

當戰敗的阿塞拜疆藉球會作為大外宣工具時，成功立國的阿爾察赫卻節節敗退。阿格達姆的卡拉巴克並非戰爭中唯一的受害者，斯捷潘納克特的 Yerazank FC 就是另一個例子。Yerazank FC 成立於一九八二年，初始時期只是一支大約十歲的少年球隊。這班孩子在球場和生活中共同成長，五年之後已躋身蘇維埃阿塞拜疆次級聯賽，並朝蘇聯頂級聯賽的夢想進發。然而，戰爭改變一切，球員失去多名識於微時的隊友，球會也被迫遷移到葉里溫。儘管 Yerazank FC 一度加入亞美尼亞頂級聯賽，但在國內腐敗、財困和政治權力鬥爭下，終於解散。

由於經濟、人口和足協條例等因素，阿爾察赫難以組織獨立的職業足球聯賽。然而，在阿塞拜疆施壓之下，歐洲足協以爭議地區不得參與跨境賽事為由，拒絕納卡地區的球會加入亞美尼亞聯賽。阿爾察赫猶如山區孤兒，足球發展處處碰壁，只能停留在休閒玩樂的層面。另一家斯捷潘納克特的球會列爾納因阿爾察赫足球俱樂部（Lernayin Artsakh）[9]，則把註冊地點改為亞美尼亞國境內的城鎮，以合法地加入後者的職業聯賽。這種權宜之計並非毫無代價，球會每

[9] 球會於一九二七年以 Dinamo Stepanakert 之名成立，曾經更名為 Karabakh Stepanakert 和 Karabakh Yerevan。

次皆需要維和部隊護送下，前往百多公里外的「主場」作賽，而在家鄉的真正主場卻只能用作日常訓練之用。

斯捷潘納克特共和國球場就在市中心廣場旁邊。球場設有逾一萬個座位，唯對於這個國家而言卻有點供過於求。由於不獲國際承認，阿爾察赫難以成為國際足協和歐洲足協成員，無法在國際舞台上亮相。阿爾察赫足總雖多番爭取，卻石沉大海。他們面對的困境，跟科索沃初期類似，但猶有過之。

阿爾察赫足總於二〇一二年成為獨立足協聯前身的新足球聯盟理事會（簡稱NF理事會）之臨時[10]成員，試圖另闢途徑，打破孤立，提升國際關注和對外交流的機會。阿爾察赫如願參加二〇一四年獨立足協聯世界盃，並完成四場比賽。在此之前，國家隊只曾踢過兩場友誼賽，對手皆是互相承認地位的爭議小國阿布哈茲。雖然面對阿塞拜疆的施壓和威脅，但阿爾察赫堅持於二〇一九年主辦獨立足協聯歐洲盃。國家隊成績雖然未見突破，但國民終於可以一嘗在國際賽支持主隊的滋味。

---

[10] 獨立足球協會聯盟（CONIFA）是一個全球傘形組織，為不被國際足協承認的單位提供國際比賽。成員包括爭議國家、族群或地區，如西藏、北塞浦路斯、庫爾德斯坦（庫德斯坦）、南美原住民馬普切人、北歐的薩米地區等。

難解百年恨

我在阿爾察赫印象最深的地方，是納卡地區前首府舒什。舒什於十八世紀建成，作為戰略要塞。自此，一直為亞阿兩族混居之地，並發展成高加索地區屈指可數的重要城市，曾經孕育出不少音樂和文化的名人，甚至被喻為「高加索巴黎」。然而，兩族衝突自二十世紀爆發，更於一九二〇年發生「舒什大屠殺」，令全城亞族人口滅絕，近半城區盡毀。舒什也從此一蹶不振，淪為人口萬人的省級小城。直至第一次納卡戰爭，亞美尼亞軍隊攻占舒什，隨即清洗阿族，此城遂為亞族所獨占。昔日的繁華山城如今已是滿目瘡痍，戰火痕跡遍布每個角落，空置房屋俯拾皆是，不少居民住在東歪西倒的危樓內，全城猶如廢墟，死氣沉沉。

這裡的宗教建築，既代表兩族曾經混居的歷史，卻同時細訴百年來兩族衝突的殘酷。我在迷霧裡得見聖救主基督主教座堂（聖救主主教座堂）[11]，這座本區最重要的宗教中心命途坎坷。它在大屠殺時被毀，於蘇聯時期被投閒置散，曾用作糧倉和車庫，在戰爭期間為阿族控制和破壞，直到戰爭結束和修復後才回復舊用。

上清真寺（尤卡里・戈瓦爾・阿加清真寺）與主教座堂僅約十分鐘步距，但清真寺內外皆無信徒，只見維修技工。寺外的展板寫有簡介和贊助修復的背景，內容卻詭異地記述為「波斯

---

[11] 聖救主基督主教座堂建於一八八七年，設計參照埃奇米阿津主教堂，後者在亞美尼亞的宗教地位，有如天主教的梵蒂岡，亞美尼亞使徒教會的最高領袖大主教便居於此。

的清真寺」，有抹殺其與阿族人的連繫之嫌。我在旁邊的廢墟探索期間，隱約看見宣禮塔的塔尖。曾經的下清真寺在我眼前卻僅能被稱作遺址。在廢棄的清真寺前，是一部焚毀的車輛。我戰戰兢兢，撥開叢生的雜草，卻似乎無法撥開全部的真相。清真寺內外明顯已遭破壞，但內部結構仍然安全。我走進空無一人的清真寺內，內心無比震撼，想起曾經有人在這裡聚集、祈禱，跟不遠處的教堂和平共處過。碎落的瓦礫卻提醒我，也有許多人曾在這裡哭泣、哀號、淌血，最後長眠或逃離這個曾經的家園。

於執筆之時，阿爾察赫已黯然滅國。阿塞拜疆作為石油生產國，在經濟、軍費、國力和國際話語權上皆凌駕對手，因而一直蠢蠢欲動，於二〇一四年和二〇一六年都發生短暫而激烈的戰鬥。終於阿塞拜疆乘俄烏戰爭爆發、俄羅斯無力分心之際，在土耳其的支持下發動大規模攻勢，亞美尼亞方慘敗，失去納卡地區的控制權。阿爾察赫當局宣布投降，並於二〇二四年元旦前正式解散。阿塞拜疆表明爭議結束，宣稱納卡問題已經解決。部分當年的阿族難民回歸故土，大量亞裔百姓卻被迫流亡，而阿塞拜疆的封鎖和種族清洗，更導致另一場人道危機。勝負易位，清真寺或許已被復修，大教堂可能再被破壞。今天的因，又將成明日的果。戰火之下也許有勝方，但從沒有贏家。

曾被破壞的聖救主基督主教座堂。

在舒什被廢棄的下清真寺。

譯名表

香港譯名	台灣譯名	外文	外文暱稱／縮寫
亞美尼亞	亞美尼亞	Armenia	
高加索	高加索	Caucasus	
格魯吉亞	喬治亞	Georgia	
阿塞拜疆	亞塞拜然	Azerbaijan	
南奧塞梯	南奧塞梯	South Ossetia	
阿布哈茲	阿布哈茲	Abkhazia	
納希切萬	納希契凡	Nakhchivan	
阿爾察赫	阿爾察赫	Artsakh	
葉里溫	葉里溫	Yerevan	
葉里溫階梯	葉里溫階梯	Yerevan Cascade	
瑣羅亞斯德教	祆教	Zoroastrianism	
哈米德大屠殺	哈米德大屠殺	Hamidian massacres	
阿達納大屠殺	阿達納大屠殺	Adana massacre	
霍爾維拉普修道院	霍爾維拉普修道院	Khor Virap	
哈茨卡爾十字石碑	-	Khachkar	
梯里達底三世	梯里達底三世	Tiridates III, 250s AD-c. 330 AD	
格列高利	格列高利	Gregory, 3rd century-c. 328	
馬什托茨	梅斯羅普・馬什托茨	Mesrop Mashtots, c. 361-440	
《邊境》	《邊境》	*Toast to Ancestors*, 2010	
亞拉臘山	亞拉拉特山	Mount Ararat	
挪亞	諾亞	Noah	
君士坦丁堡	君士坦丁堡	Constantinople	
阿尼	阿尼	Ani	
《亞歷山卓堡條約》	《亞歷山德羅波爾條約》	*Treaty of Alexandropol*, 1920	

香港譯名	台灣譯名	外文	外文暱稱／縮寫
亞拉臘博物館	亞拉拉博物館	Ararat Museum	
邱吉爾	溫斯頓・邱吉爾	Winston Churchill, 1874-1965	
納戈爾諾－卡拉巴赫	納戈爾諾－卡拉巴赫	Nagorno Karabakh	
十月革命	十月革命	October Revolution	
阿爾察赫共和國	阿爾察赫共和國	Republic of Artsakh	
明斯克	明斯克	Minsk	
沃伊切赫・古瑞茨基	沃伊切赫・古瑞茨基	Wojciech Górecki, 1970-	
赫拉茲丹體育場	赫拉茲丹體育場	Hrazdan Stadium	
布里茲涅夫	列昂尼德・布里茲涅夫	Leonid Brezhne, 1906-1982	
阿達納	阿達納	Adana	
舒什	舒沙	Shushi	
巴庫	巴庫	Baku	
底比利斯	提比里斯	Tbilisi	
加爾各答	加爾各答	Kolkata	
葉里溫戴拿模	-	Football Club Dinamo Yerevan	Dinamo Yerevan
莫斯科戴拿模	莫斯科發電機足球俱樂部	Football Club Dynamo Moscow	Dynamo Moscow
葉里溫斯巴達	-	Spartak Yerevan Football Club	Spartak Yerevan
基輔戴拿模	基輔迪納摩足球俱樂部	Football Club Dynamo Kyiv	Dynamo Kiev
史太林	約瑟夫・史達林	Joseph Stalin, 1878-1953	
烏克蘭	烏克蘭	Ukraine	
底比利斯戴拿模	提比里西迪納摩足球俱樂部	Football Club Dinamo Tbilisi	Dinamo Tbilisi
葉里溫亞拉臘	亞拉拉特葉里溫足球俱樂部	Football Club Ararat	Ararat Yerevan

香港譯名	台灣譯名	外文	外文暱稱／縮寫
莫斯科中央陸軍	莫斯科中央陸軍足球俱樂部	Professional Football Club, Central Sport Club of the Army, Moscow	CSKA Moscow
莫斯科火車頭	莫斯科火車頭足球俱樂部	Football Club Lokomotiv Moscow	Lokomotiv Moscow
莫斯科斯巴達	莫斯科斯巴達克足球俱樂部	Football Club Spartak Moscow	Spartak Moscow
莫斯科魚雷	莫斯科魚雷足球俱樂部	Torpedo Moscow Football Club	Torpedo Moscow
辛尼特	聖彼得堡澤尼特足球俱樂部	Football Club Zenit Saint Petersburg	Zenit Leningrad
拜仁慕尼黑	拜仁慕尼黑足球俱樂部	Fußball-Club Bayern München	Bayern München
碧根包華	法蘭茲・貝肯鮑爾	Franz Beckenbauer, 1945-2024	
佩歷克	葉里溫鳳凰足球俱樂部	Football Club Pyunik Yerevan	Pyunik Yerevan
共和國球場	共和黨體育場	Republican Stadium	
戴拿模球場	迪納摩體育場	Dinamo Stadium	
薩爾基相	瓦茲根・薩爾基相	Vazgen Sargsyan, 1959-1999	
米希達恩	亨里希・姆希塔良	Henrikh Mkhitaryan, 1989-	
諾雲凡修道院	-	Noravank Monastery	
塔特夫修道院	-	Tatev Monastery	
亞美尼亞巨石陣	-	Karahunj	
達迪萬克修道院	達季萬克修道院	Dadivank Monastery	
甘扎薩爾修道院	甘扎薩爾修道院	Gandzasar Monastery	
斯捷潘納克特	斯捷潘納克特	Stepanakert	
卡拉巴克	卡拉巴克足球俱樂部	Qarabağ Futbol Klubu	Qarabağ Ağdam
阿格達姆	阿格達姆	Ağdam	
-	-	Azersun	

香港譯名	台灣譯名	外文	外文暱稱／縮寫
-	-	Yerazank Football Club	Yerazank FC
蘇維埃	蘇維埃	Soviet	
-	列爾納因阿爾察赫足球俱樂部	Lernayin Artsakh Football Club	Lernayin Artsakh
斯捷潘納克特共和國球場	-	Stepanakert Republican Stadium	
獨立足球協會聯盟	獨立足球協會聯合會	Confederation of Independent Football Associations	CONIFA
新足球聯盟理事會	新足球聯盟理事會	Nouvelle Fédération-Board	N.F.-Board
舒什大屠殺	舒沙大屠殺	Shushi massacre	
聖救主基督主教座堂	聖救主主教座堂	Ghazanchetsots Cathedral	
上清真寺	尤卡里・戈瓦爾・阿加清真寺	Yukhari Govhar Agha Mosque	
下清真寺	-	Ashagi Govhar Agha Mosque	
註腳			
海悦克	哈伊克	Hayk	
		Levon Ishtoyan, 1947-	
哈姆雷特・米希達恩	哈姆雷特・姆希塔良	Hamlet Mkhitaryan, 1962-1996	
多蒙特	多特蒙德足球俱樂部	Ballspiel-Verein Borussia 1909 e.V. Dortmund	Borussia Dortmund
加巴拉	蓋貝萊	Gabala	
車路士	切爾西足球俱樂部	Chelsea Football Club	Chelsea
庫爾德斯坦	庫德斯坦	Kurdistan	
馬普切人	馬普切人	Mapuche	
薩米	薩米	Sápmi	
埃奇米阿津主教堂	-	Etchmiadzin Cathedral	

第七章　遙遠祝福：烏克蘭

二〇二二年，俄羅斯以「特別軍事行動」之名入侵烏克蘭，其箇中藉口可謂歪理連篇。普京（普丁）的野心路人皆見，他把蘇聯前加盟共和國視為俄羅斯的延伸，已先後對格魯吉亞和北高加索動武。戰爭爆發後，傳媒（傳統媒體）和網絡上都有專家就俄烏兩國的歷史淵源和時局分析等發表精闢言論。如若在此輔以足球角度，以作補充，或可令此課題更添層次。

烏克蘭足球史

蘇聯時貢獻良多

雖然足球於二十世紀初已進入烏克蘭，但烏國前段的足球史大部分都屬蘇聯時期，包括成為後世神話的「死亡球賽」[1]。烏克蘭在很多方面都屬整個蘇聯的前列，包括高科技和足球。蘇聯為與美國分庭抗禮，旨力發展航天、軍事、核能和計算機等科技領域，而基輔則為當時的全國計算機中心。足球方面，烏克蘭作為國內第二大勢力，長期有多家球會參與蘇聯頂級聯賽，除了最知名的兩家球會外，還有迪尼普（聶伯城足球俱樂部，Dnipro Dnipropetrovsk）、祖奴摩勒斯（敖得薩黑海人足球俱樂部，Chornomorets Odesa）和米達列斯（哈爾科夫冶金工人足球俱樂部，Metalist Kharkiv）等。因此，不難明白為何烏克蘭會成為將科技與足球結合的試驗場，最著名的事例當屬魯班諾夫斯基（暱稱「魯帥」）的「基輔實驗」。

1 於二戰納粹德國占領期間，烏克蘭球員在「勝出即死」的威脅下仍戰勝德軍組成的球隊，最終多人被殺，被視為捍衛民族尊嚴的「死亡球賽」，唯比賽的細節和真實性難以考究。

基輔戴拿模於六〇年代在「現代足球之父」馬斯洛夫創建的4－4－2陣式和壓迫打法下，突破莫斯科的壟斷，於一九六六年榮膺國內雙冠王，並於一九六八年實現聯賽三連冠。魯班諾夫斯基自一九七三年起接掌球會，隨即以劃時代的戰術和踢法，為基輔建立前無古人的霸業。這位畢業於理工學院的前基輔球星深信理性與科學，成為引進運動科學和數據分析的先驅。

蘇聯自詡能以舉國體制跟西方爭一日長短，而魯帥追求精準的機械主義足球則堪稱其代表作。他在烏克蘭共產黨、內政部和基輔體育學院的支持下，以當時最先進的電腦設備、運動科學和醫療科技進行分析和訓練。在他麾下的球員必須演練各種固定的套路，並根據主帥選擇的踢法，在比賽中完成諸如傳球方向和次數等既定目標，完全不能有個人主義。魯帥的理念赫然成為蘇聯足球的標準，皆因無論是他的權威與強勢，還是集體主義的踢法，都跟政權的意識形態暗合。

魯帥自七〇年代起，曾三度任教蘇聯國家隊（部分時間為兼任）。在他執掌之下，烏國球員在蘇聯國家隊的重要性達至歷史高峰。[2]魯帥雖然成功帶領蘇聯成為當世勁旅，先於一九八六年世界盃憑機動打法震撼球壇，再於兩年後闖進歐國盃決賽，但相比之下，他在基輔戴拿模的成績始終更為亮麗。[3]而且，他成功為烏克蘭培養多名出色的球星，包括三位金球

---

[2] 蘇聯於一九六〇年奪得歐國盃，當時的陣容以俄羅斯和格魯吉亞球員為主。一九六六年，國家隊的大軍中有更多烏國球員，最終成功晉身世界盃四強。一九八六年世界盃贏得聲譽和一九八八年打進歐國盃決賽的蘇聯隊，更是以烏克蘭球員為骨幹。

[3] 魯帥為基輔戴拿模奪冠無數，包括八個蘇聯頂級聯賽冠軍、六個蘇聯盃、五個烏克蘭聯賽冠軍、三座烏克蘭盃和兩座歐洲盃賽冠軍盃等。

獎得主布洛堅（布洛欣）、貝倫諾夫（別拉諾夫）和舒夫真高（舍甫琴科），對祖國球壇貢獻良多。

獨立後重新上路

自基輔羅斯到蘇聯，兩國歷史雖在經濟、文化以至認同上都千絲萬縷，但同時卻矛盾重重。早於沙俄時代，烏克蘭文化和民族認同已被壓制，而蘇聯時期的烏克蘭大饑荒和切爾諾貝爾核災，都對烏克蘭傷害極大，也是民族深處不可磨滅之痛。而切爾諾貝爾核災更被廣泛認為是蘇聯解體的最主要導火線。

蘇聯瓦解後，國際社會普遍將繼承權直接授予俄羅斯，足球也不例外。蘇聯的國際排名系數和過去的榮譽，全為俄羅斯所獨攬，變相否定烏克蘭的參與和貢獻。新生的烏克蘭只好重新上路，重新建立其足壇地位。然而，當時部分球星如多布羅斯基和簡察斯基（坎切爾斯基）卻因大賽機會而選擇代表俄羅斯而非烏克蘭，令國家隊雪上加霜。

烏克蘭於一九九一年獨立後，便逐步建立自我，並藉足球鞏固民族身分。獨立數年後，烏克蘭便已向世人證明自己。於一九九九年，先有基輔戴拿模憑舒夫真高和列保夫（列布羅夫）等本土新星出色表現，於八強淘汰皇家馬德里，四強僅輸給拜仁慕尼黑，演出一鳴驚人。同年，國家隊於歐國盃外圍賽力壓俄羅斯，皆令烏國人民一吐烏氣。二〇〇六年，國家隊首次晉身世界盃決賽週，便已殺入八強。二〇〇九年，薩克達（頓內次克礦工足球俱樂部，Shakhtar

基輔人民曾在廣場發起革命。

切爾諾貝爾核災現場慘成廢墟。

Donetsk）[4]奪得歐洲足協盃冠軍，為獨立後全國首個歐洲錦標。二〇一二年，烏克蘭跟波蘭合辦歐國盃，除了讓國家隊首次參與此項賽事外，亦象徵國家已然掀開新一頁。

兩強對峙與寡頭勢力

基輔戴拿模曾於蘇聯時期被視為民族認同的標竿，作為對抗莫斯科足球勢力的代表。然而，隨著烏克蘭內部撕裂愈趨嚴重，其角色亦有所轉變。烏國以第聶伯河劃分東西，兩者差異甚大，西部以農業為主，人口普遍說烏克蘭語，信奉天主教，東部則工業發達，經濟發展程度較高，人口以俄語東正教徒為主。前者民意上多主張向歐盟靠攏，後者則因區內重工業而尤為依賴俄國。烏克蘭的國家認同問題，既與歷史淵源和東西差異有關，加上貪汙腐敗和貧富嚴重不均，難以建立制度認同，遂令地緣政治及外力介入等影響更為明顯，難以建立被全面接受的共同民族性。自二〇〇四年橙色革命（橘色革命／栗子花革命）後，烏國東西撕裂更甚，國內勢力明爭暗鬥，民意也在親俄與崇歐之間兩極發展。

共產倒台後，烏克蘭的權力真空被一小撮人接掌，形成手握國家命脈的寡頭勢力。這些寡頭控制藉國家轉型時，低價吸納國營企業和天然資源，財雄勢大，壟斷國內政治經濟。這

[4] 「Shakhtar Donetsk」即為礦工的意思。球會位於煤礦業和工業重地頓涅茨克，在頓巴斯地區極具代表性，深得烏克蘭東部居民支持。於一九九五年一宗球場炸彈襲擊後，前球會主席亞歷山大・布拉金被殺，阿美杜夫作為其左右手，隨即接掌包括球會以內的整個帝國。

群竊國者除了控制傳媒、干涉政治外，亦相繼收購國內球會[5]，藉以樹立形象和提升影響力。其中首富阿美杜夫（艾哈邁托夫）於一九九六年入主頓涅茨克（頓內次克）老牌球會薩克達，更是改變國內勢力版圖。在班主大力投資下，薩克達在青訓、設施以至陣容等都大有改善，並於世紀之交開始撼動基輔半世紀的王者之位。雙雄對峙背後，代表著國內複雜的政治角力。足球如鏡，薩克達近年力壓戴拿模的局面，正好反映頓涅茨克利益集團取代基輔勢力的意圖。

頓涅茨克集團的亞努科維奇在阿美杜夫的支持下，成功登上總統寶座，最終卻於尊嚴革命後逃往俄羅斯。多年來，部分寡頭與俄國狼狽為奸，在政治經濟上操控烏克蘭，但自二〇一四年尊嚴革命（又稱廣場革命、邁丹革命、烏克蘭革命）後，親歐勢力上台，克里姆林宮不甘見烏國投向西方，遂多管齊下，企圖肢解烏克蘭。俄國先藉口併吞克里米亞，再鼓動東烏克蘭頓巴斯地區的親俄武裝組織逕自宣布獨立，並與烏軍爆發地區軍事衝突。

由於頓巴斯地區局勢不穩，薩克達自此便已顛沛流離。球會被迫離開新建的頓巴斯球場，先後遷往利沃夫（利維夫）、哈爾科夫及基輔等地。而克里米亞被併吞後，亦旋即被納入俄羅斯足球聯賽體系。歐洲足協在烏克蘭抗議後，下令其退出俄羅斯聯賽，自組獨立的克里米亞聯賽。

5 其他例子包括基輔寡頭蘇基斯兄弟控制基輔戴拿模，天然氣大王謝爾蓋・庫爾琴科擁有米達列斯，第聶伯羅利益集團的伊萬・克羅莫伊斯基更擁有包括迪尼普在內的三家球會。迪尼普曾於二〇一五年闖進歐霸盃決賽。

俄羅斯不費吹灰之力得到克里米亞，令普京自信能予取予攜，終於二〇二二年全面入侵烏克蘭。[6]

支持烏克蘭

二〇二三年三月，俄羅斯入侵逾一年。戰火漫天，我看不到短期內能踏足烏克蘭的一日，但仍有幸在溫布萊球場（溫布利球場）支持其國家隊。

我舉目所見，烏克蘭球迷為數眾多，除了美女如雲之外，也有不少一家大小的進場。特別的是，好些穿著球衣的英格蘭球迷，同時也身披烏克蘭國旗，以示對烏國的支持。烏國同鄉在球場碰面時深深擁抱，場面感人。不少女性悉心打扮，身穿傳統民族服裝，頭戴花朵髮飾，彷彿要向世人展示烏克蘭之美。我跟其中兩位少女合照和傾談，可惜她們不黯英語，只清晰向我表明自己「支持台灣」的立場。

開賽前，全場客軍球迷肅立，不少人手放胸前，一起高唱國歌。有人高舉施真高（津琴科）的手繪圖像，也有人為嘉賓舒夫真高歡呼，但每一位球員都得到球迷的支持。為抗議俄羅斯去年二月二十四日開始的入侵，球迷於比賽第二十四分鐘，一起放出無數紙飛機，場面震撼。縱使國家隊最終以0比2落敗，但球迷始終保持熱情，於比賽期間經常站起來高叫口號，

6 俄烏戰爭爆發後，烏克蘭國內聯賽一度停頓。戰爭期間雖勉強復辦，但多間球會難免流離失所。如二〇二三至二〇二四年球季歐戰，薩克達便需借用德國球會漢堡的主場，而基輔戴拿模則在布加勒斯特迅速主場作賽。

臨完場前，更自發再唱國歌，盡顯團結。俄烏戰爭把烏克蘭民族認同推向高峰，也將兩國的關係正式切割。

戰火幾近亡國，但球場仍見笑臉。畢竟人總要生活，足球帶來希望、歡樂和凝聚，也讓人暫離痛苦。離開之前，我遇見一位手持英國和烏克蘭國旗的叔叔。他表示自己在英國出生，其祖父輩作為二戰難民來英，家族自此在英發展。他心痛現時烏克蘭人再逢戰禍，三代皆為難民。他知道我的寫作目的後，特意叮囑我記述他的立場。他舞動祖國和出生地的國旗，高呼「反對獨裁、擁抱自由！反俄國、反北韓、反中國，支持世界自由公民！自由世界站在一起！」所謂親俄或崇歐，不過是偽命題，最重要的從來都是價值取向。

高呼支持世界自由公民的叔叔。

譯名表

香港譯名	台灣譯名	外文	外文暱稱／縮寫
普京	弗拉迪米爾・普丁	Vladimir Putin, 1952-	
基輔	基輔	Kyiv	
迪尼普	聶伯城足球俱樂部	Football Club Dnipro Dnipropetrovsk	FC Dnipro / Dnipro Dnipropetrovsk
祖奴摩勒斯	敖得薩黑海人足球俱樂部	Football Club Chornomorets Odesa	Chornomorets Odesa
米達列斯	哈爾科夫冶金工人足球俱樂部	Football Club Metalist Kharkiv	Metalist Kharkiv
魯班諾夫斯基	瓦列里・羅巴諾夫斯基	Valeriy Lobanovskyi, 1939-2002	
馬斯洛夫	-	Viktor Maslov, 1910-1977	
布洛堅	奧列格・布洛欣	Oleh Blokhin, 1952-	
貝倫諾夫	伊戈爾・別拉諾夫	Igor Belanov, 1960-	
舒夫真高	安德烈・舍甫琴科	Andriy Shevchenko, 1976-	
多布羅斯基	-	Igor Dobrovolski, 1967-	
簡察斯基	安德烈・坎切爾斯基	Andrei Kanchelskis, 1969-	
列保夫	謝爾蓋・列布羅夫	Serhiy Rebrov, 1974-	
薩克達	頓內次克礦工足球俱樂部	Football Club Shakhtar Donetsk	Shakhtar Donetsk
橙色革命	橘色革命／栗子花革命	Orange Revolution, 2004-2005	
阿美杜夫	里納特・艾哈邁托夫	Rinat Akhmetov, 1966-	
頓涅茨克	頓內次克	Donetsk	
亞努科維奇	維克托・亞努科維奇	Viktor Yanukovych, 1950-	
尊嚴革命	尊嚴革命	Revolution of Dignity	
克里米亞	克里米亞	Crimea	
頓巴斯	頓巴斯	Donbas	
頓巴斯球場	頓巴斯球場	Donbas Arena	
利沃夫	利維夫	Lviv	

香港譯名	台灣譯名	外文	外文暱稱／縮寫
哈爾科夫	哈爾科夫	Kharkiv	
溫布萊球場	溫布利球場	Wembley Stadium	
施真高	奧列克山大・津琴科	Oleksandr Zinchenko, 1996-	
		註腳	
-	亞歷山大・布拉金	Olesksandr Bragin, ?-1995	
-	蘇基斯	Surkis	
-	謝爾蓋・庫爾琴科	Serhiy Kurchenko, 1985-	
第聶伯羅利益集團	聶伯彼得羅夫斯克幫	Dnipropetrovsk Mafia	
-	伊萬・克羅莫伊斯基	Ihor Kolomoyskyi, 1963-	

跋：不想回憶，未敢忘記／

猶記得中學時的世史課，我首次聽到「歐洲火藥庫」之名，其時對東歐歷史雖感繁複，亦感興趣。到畢業旅行，由香港陸路前往歐洲，卻不學無術，僅蜻蜓點水。無論是布拉格（Prague）連儂牆（藍儂牆，Lennonova zeď）、波羅的海人鏈（波羅的海之路，Baltic Way），或是中歐初代勁旅匈牙利，都一一錯過。直至長大後，甚至近年，才明白一九八九年的變天是如此天翻地覆，卻仍然難以想像是何等震撼。

若問彼方歷史有何意義，則先問當下如何自處。借古鑑今，捷克兵臨城下，鐵幕重門深鎖，自由受限，人權旁落。布拉格之春於廿多年後始種出鮮花，但人心不死，方能承傳。然而，東歐的族群仇恨、寡頭竊國、分化內耗等事例表明，獨立並非一勞永逸，極權倒台後，民主自由仍有很長的路要走。只有不忘初衷，才能守護價值。

東歐讓我深深感受到歷史的連貫性，因果從來環環相扣。唯那些曾經在歷史書本中讀過的事件、一度在國際新聞上聽過的戰爭，只有親手觸碰彈孔、由衷憑弔墓碑和真心與當地人交流後，才明白是何等真實。當中的苦難和血淚，即使無法逆轉，但絕對不容否定。

《血淚東歐》是「腳下魔法」系列中，揭示最多戰爭和屠殺的作品，寫作過程難免沉重而孤獨，尤其在搜集前南內戰和高加索衝突的部分時，「薩拉熱窩圍城」、「斯雷布雷尼察大屠殺」、「亞美尼亞種族滅絕」等，把人性的黑暗推向極致。情感細膩如我，情緒自然地被牽動，有時甚至胃痛或呼吸困難，也影響睡眠質素，以至久久難以下筆。然而，即使如此，還是需要繼續深究下去。「正義」縱是如此的難而斷言，但卻又必須，認定某方必然是對錯，或各打五十大板的論述，都不過是種逃避，只有深究真相，才對得起苦難中的人。

在搜集資料的過程中，不難發現華文網絡和媒體多被操控，扭曲和偏頗地配合其論述，將他國的侵略行為和國族主義修飾美化，對烏克蘭、科索沃、納卡地區，莫不如是！這反倒對我有所激勵，明白有義務認真探究，執筆抗衡那些似是而非的連篇歪理。我雖微小，但相信憑一口氣，點一盞燈，念念不忘，必有迴響。

「Don't forget.」，豎立在莫斯塔爾古橋的小石提醒我們，失去的，需要被看見、被寫下、被記住。傷痛仍在、故事未完，無論是上世紀末的屠殺，還是數年前的打壓，都是一場記憶與遺忘的鬥爭。

831@二〇二三年

附註：

特別鳴謝波波（FB：llabllab，IG：ballball_travel）及林輝（FB：goaroundtheworldwithme）慷慨分享攝影作品予本書之用（前者：烏克蘭，後者科索沃封面）。

參考資料／

專書：

Jonathan Wilson (2006). Behind The Curtain: Travels In Eastern European Football. Orion Books Ltd.

John McManus (2018). Welcome to Hell?: In Search of the Real Turkish Football. Weidenfeld & Nicolson.

大衛・哥德布拉特著，韓絜光、陳复嘉、劉冠宏譯：《足球是圓的：一部關於足球狂熱與帝國強權的全球文化史》（台北：商周，二〇一八）。

李邁先、洪茂雄：《東歐諸國史（當代完備版）（下）》（台北：三民書局，二〇二〇）

謝爾希・浦洛基著，曾毅，蔡耀緯譯：《烏克蘭：從帝國邊疆到獨立民族，追尋自我的荊棘之路》（台北：聯經，二〇二二）

埃提安・佩哈著，許惇純譯：《歐亞火藥庫的誕生：在俄羅斯、土耳其、伊朗之間求生存的20世紀高加索》（台北：貓頭鷹，二〇二三）

佛蘭克林・弗爾著，都幫森譯：《足球解讀世界》（北京：當代中國出版社，二〇〇六）

沃伊切赫・古瑞茨基著，粘肖晶譯：《邊境》（台北：允晨文化，二〇一四）

奧罕・帕慕克著，何佩樺譯：伊斯坦堡：一座城市的記憶（台北：馬可孛羅，二〇一九）

電影／紀錄片／劇集：

Jasmila Zbanic. (2020). Quo Vadis, Aida?

Gilles Perez, Gilles Rof (2012). Les rebelles du foot.

John Zaritsky. (1994). Romeo and Juliet in Sarajevo.

期刊學報：

K. Manuel Veth (2016). Selling the People's Game: Football's transition from Communism to Capitalism in the Soviet Union and its Successor State. Department of History, King's College London.

Pompiliu-Nicolae Constantin (2017). Rapid Bucharest, the team of workers, and the contestation of the communist regime, European Studies in Sports History, vol. 10/2017.

Sorin D. BUHAS, Grigore Vasile HERMAN, Paul F. DRAGOS , Lucian STANCE (2017). Football and economy before and after communism in Romania, GeoSport for Society, volume 6, no. 1/2017

Dustin Y. Tsai (2021).“A Tale of Two Croatias”: How Club Football (Soccer) Teams Produce Radical Regional Divides in Croatia's National Identity, Nationalities Papers (2021) 49: 1, 126–141

Christian Axboe Nielsen (2009). The goalposts of transition: football as a metaphor for Serbia's long journey to the rule of law, Nationalities Papers, Vol.38, No. 1, January 2010, 87-103

Shay Wood (2013). Football after Yugoslavia conflict: Conflict, reconciliation and the regional football league debate, Sport in Society:Cultures, Commerce, Media, Politics, Volume 16, 2013

Richard Mills (2015). "The pitch itself was no man's land:" Siege, Zeljeznicar Sarajevo Football Club and the Grbavica Stadium, Nationalities Papers, 2016, Vol. 44, No.6, 877-903

Richard Mills (2010). Velez' Mostar Football Club and the Demise of 'Brotherhood and Unity' in Yugoslavia, 1922-2009, Europe-Asia Studies, Vol. 62, No. 7, September 2010, 1107-1133

郭秋慶：〈波士尼亞與赫塞哥維納憲政體制的選擇及其運作－兼論『戴頓協定』20周年政局的發展〉，《台灣國際研究季刊》第11卷第4期，頁一一一－三一，二〇一五年／冬季號。

報章雜誌／網上頻道：

沈旭暉：納卡爾諾－卡拉巴赫共和國正式亡國－叢林法則的勝利，對台灣有可比性嗎？，《風傳媒》（二〇二三年十月十日）

沈旭暉：亞美尼亞 Vs 阿塞拜疆：文明衝突論的教材，《堅離地球沈旭暉》（二〇二〇年十月二十四日）

沈旭暉：塞爾維亞人：夾在兩大陣容之間的被害情結，《堅離地球沈旭暉》（二〇二二年四月三十日）

沈旭暉：假如南斯拉夫合體，能否變回中型大國？《堅離地球沈旭暉》（二〇二一年八月九日）

沈旭暉：克羅地亞「足球大帝」蘇加從政之後，《堅離地球沈旭暉》（二〇二一年八月九日）

釀旅人56　PE0229

血淚東歐：

從高加索衝突到前南內戰，由鐵幕倒下到歐亞身分，艱險奮進的足球旅行

作　　者　李文雋
責任編輯　劉芮瑜
圖文排版　陳彥妏
封面設計　吳為彥
封面完稿　嚴若綾

出版策劃　釀出版
製作發行　秀威資訊科技股份有限公司
114 台北市內湖區瑞光路76巷65號1樓
電話：+886-2-2796-3638　傳真：+886-2-2796-1377
服務信箱：service@showwe.com.tw
http://www.showwe.com.tw
郵政劃撥　19563868　戶名：秀威資訊科技股份有限公司
展售門市　國家書店【松江門市】
104 台北市中山區松江路209號1樓
電話：+886-2-2518-0207　傳真：+886-2-2518-0778
網路訂購　秀威網路書店：https://store.showwe.tw
國家網路書店：https://www.govbooks.com.tw
法律顧問　毛國樑　律師
總 經 銷　聯合發行股份有限公司
231新北市新店區寶橋路235巷6弄6號4F
電話：+886-2-2917-8022　傳真：+886-2-2915-6275

出版日期　2025年3月　BOD一版
定　　價　420元

讀者回函卡

Printed in Taiwan

國家圖書館出版品預行編目

血淚東歐：從高加索衝突到前南內戰,由鐵幕倒下到歐亞身分,艱險奮進的足球旅行 / 李文雋著. -- 一版. -- 臺北市：醸出版, 2025.03
面； 公分. -- (醸旅人；56)
BOD版
ISBN 978-626-412-071-5(平裝)

1.CST: 遊記 2.CST: 足球 3.CST: 東歐

740.739 114001312